타임머신을 타고 떠나는 기행

강변의 문명 이야기

김종천 지음

어문학사

일러두기

본서에 쓰인 사진들은 '위키백과(독일, 미국 등)'와 '나무위키'에서 개방한 사진자료를 이용하였으며, 해당 저작물은 '위키백과'와 '나무위키'에서 무료로 다운받으실 수 있습니다.

들어가며 〰〰〰〰〰〰〰〰〰〰〰〰〰〰〰〰〰〰

어린 시절에 강변에서 살아서 그런지 나는 무척이나 강변을 좋아한다. 지금도 한강으로 흘러 들어가는 지류 변에 살고 있다. 하지만 내가 어린 시절에 살았던 강변은 사람들이 몰려 사는 대도시가 아닌, 경기도 최북단의 자그마한 촌락이었다. 중학생 때였던가, 학교에서 세계사를 처음 배우며 인류 문명이 강변에서 발생했다는 이야기는, 어린 마음에 흥분을 감추기 어려웠다. 그 때는 나뿐만 아니라 대부분의 사람이 강변을 좋아한다고 순수하고 순진한 생각을 하였더랬다.

훗날 여러 역사 서적에서 인류 문명이 강변에서 최초로 시작된 연유가 강이 인류에게 기회와 도전의 터전이라는 점을 알게 되었다. 농경이 중심이었던 시대에는 강물이 인간에게 생활용수와 농업용수를 공급해 주었고, 강변의 비옥한 퇴적토가 식량 생산에 많은 도움을 주었다. 이 결과로 강변에는 사람들이 정착을 하여 촌락을 이루었고, 인구와 식량 생산이 증가하면서 일부의 촌락은 도시로 변모하였다. 다른 한편으로는 홍수와 가뭄으로 상 유역에서 살아가는 사람들은 종종 고난을 겪었고, 그 결과로 치수 및 관개 시설을 건설하는 계기를 제공하기도 했다. 인력 동원이 이루어지는 과정에서 공동체를 효율적으로 조직하고 사회의 질서를 세우기 위한 공권력이 발생하였다. 큰 강의 유역에 있는 인구가 밀집한 도시에는 농사 이외의 직업을 가진 사람들, 사제, 정치가, 장인, 예술가, 학자 등이 출현하게 되면서 드디어 문명이 탄생하였다. 게다가 강물과 배를 이용한 물자의 운송과 사람의 이동은 다른 지역과의 교류를 쉽게 해주어서 문명의 발전을 촉진하였다.

수렵과 채취를 하면서 떠돌아다녔던 인류가 이른바 '풍요한 초승달'이라고 불리는 오늘날의 시리아, 소아시아 남부, 이라크 지역에서 최초로 농경을 하면서 정착 생활을 시작한 것이 지금으로부터 8000~9000년 전의 일이다. 농경은 훗날에는 아시아와 유럽의 여러 지역으로 퍼져나갔다. 원시 농경지에서 시작하여 도시 문명을 이루고 인류 문명사에 깊은 자취를 남긴 대표적인 지역으로 메소포타미아 문명과 나일 강 유역, 중국의 황하(황허강)와 양자강(양쯔강) 유역을 들 수 있다. 이 지역들에서 출현하고 발전한 문명을 고찰하면서 우리는 인류는 어떤 존재인가 그리고 인류 사회를 변화시키는 원리는 무엇인가를 생각하게 된다. 아쉽게도 그 시절을 직접 체험할 수는 없다. 그렇다고 슬퍼하지는 말자. 우리에게는 불가능을 가능하게 만드는 마법이 있는데, 바로 상상력이다. 마치 영화나 소설에 나오는 세계처럼 우리는 멀고 먼 옛날의 이야기를 머릿속에서 상상력을 이용하여 체험할 수 있다.

이 작업을 위해 나는 타임머신이란 기계를 발명하여 내 여행 친구인 후배와 타고 다닐 예정이다. 이제 나는 타임머신을 타고 다니면서 문명의 이야기를 독자들에게 전하려고 한다. 나의 타임머신 문명 기행은 허구가 아니다. 이제부터 내가 독자들에게 들려줄 이야기는 수많은 문헌을 읽고 연구하여 생생하게 재생되고 고증된 역사이기도 하다. '역사와 문학은 본시 하나다.'라는 말이 있다. 이 말은 포스트 모던 역사학계의 기본 학설로 '역사는 기록자의 자의에 의해서 주관적으로 기록된 이야기'라는 뜻으로, 우리가 알고 있는 역사는 아주 오래된 이야기이기에 해석이 다양하고 불문명할 수 있다. 하지만 역사에 상상력을 더한다면 그것이 바로 문학이 되는 것이 아닐까. 나의 타임머신 문명 기행도 그 한계를 벗어날 수 없었음을 고백하며 이제부터 이야기 보따리를 풀어 보려고 한다.

목차

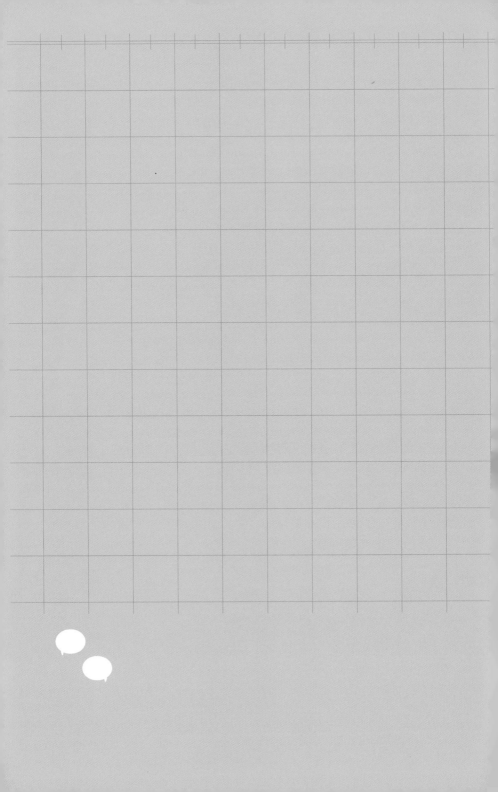

제1장

메소포타미아(유프라테스 강, 티그리스 강) 문명

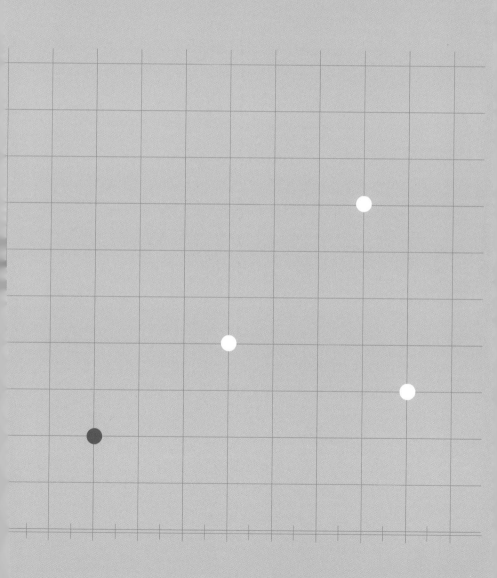

드디어 우리를 태우고 머나먼 문명 기행을 떠날 타임머신이 완성되었다. 부푼 가슴으로 승선한 나와 후배는 제일 먼저 어디로 떠날 것인가를 의논하기 시작했다. 사실 나는 이미 오래전에 우리의 기행 일정을 구상해 놓았지만, 후배의 의견도 경청해야 했기 때문에 그때까지는 입을 닫고 있었다. 세상사 모든 것에는 적당한 때가 있는 법이 아니던가.

> 어디로 가야 하죠?

> 글쎄 문명이 처음으로 출현한 곳으로 가야 하지 않을까?

> 언제 어디로 가야 할지 구체적으로 말해줘요.

> 하하, 알겠어. B.C. 26세기의 메소포타미아로 가자구.

후배가 조종석에 앉아서 출발 버튼을 누르자 우리가 타고 있던 기계는 쏜살같이 날아가기 시작했고, 얼마 후에 도착을 알리는 신호등이 켜졌다. 우리가 선체 밖으로 나가보니 강변에 촌락들과 도시들이 있고 구릉지대에는 듬성듬성 작은 나무들이 있는 메마른 광경이 눈에 들어왔다.

1. 수메르

(Sumer)

└ 유프라테스 강

이곳이 메소포타미아가 맞나요?

그런 것 같아. 메소포타미아란 강 사이의 땅이라는 의미의 그리스어로 서쪽의 유프라테스 강과 동쪽의 티그리스 강 사이에 있는 삼각형 형태의 지역을 의미하지.

이곳에서 인류 문명이 최초로 발생했나요?

지금에서부터 약 8000년 전부터 이곳에서 수메르 인이라고 불리는 사람들이 강변에서 경작을 시작했어. 그들은 강물을 이용해서 밀과 보리를 경작하면서 정착 생활을 시작하였고, 점차 인구가 늘어나면서 촌락을 이루게 되었지.

└ 우르의 지구라트

농업정착민들은 홍수에 대비해 제방을 쌓았고, 가뭄에는 강물을 경작지로 끌어오려고 관개 시설을 만들었다. 촌락의 규모가 점차 커져서 도시가 되었는데, 이곳에서는 외적의 침략을 막기 위해 주변을 흙벽으로 둘러쳤으며, 중심부에는 신전이 건설되었다. 인류 최초의 문명은 메소포타미아의 남부 지역인 수메르에서 약 6000~5500년 전에 출현한 도시에서 종교, 정치, 경제, 예술 등과 같은 농사 이외의 새로운 인간 활동과 함께 시작되었다. 우리는 수메르의 도시 국가들에서 초기 왕조들이 출현했던 B.C. 26세기에 유프라테스 강 변의 도시 국가인 우르를 찾아갔다. 멀리서 우르를 바라보니 탑처럼 생긴 거대한 건축물이 가장 먼저 눈에 들어왔다.

💬 저기 보이는 탑처럼 생긴 건축물은 무엇인가요?

💬 지구라트라고 불렸던 신전으로 도시 문명의 상징물이지.

우르의 지구라트는 바닥 면적이 약 가로 60미터, 세로 45미터이고 높이는 30미터인 거대한 건축물로 평평한 지형을 가진 이 지역의 어디서나 한눈에 보인다.

💬 당시의 기술과 노동력으로는 저만한 건축물을 세우기가 어려웠을 터인데, 왜 지은 것인가요?

💬 메소포타미아는 홍수와 가뭄이 번갈아 오는 예측할 수 없는 기후를 가졌기에, 수메르인은 자연에 대한 공포심이 컸고 그러다 보니 종교에 대한 의존이 강했다고 할 수 있어.

💬 수메르인의 종교는 구체적으로 어떤 것이었나요?

💬 수메르인은 신을 인간적인 차원에서 해석했지. 예를 들면 신들은 화려한 신전에서 살기를 원하고, 인간에게 잔인한 행동을 하는 존재라고 보았지. 그래서 수메르인은 신전을 크고 화려하게 짓고 맛있는 음식을 바쳐서 재난을 막고 소망이 이루어지기를 기원하였어.

💬 그렇다고 신전을 저렇게 높이 세울 필요가 있었을까요?

💬 지구라트는 신전이기는 했지만, 홍수가 발생해 도시가 침수되면 사람과 가축이 피신하는 곳으로도 사용되었다고 하더군.

석재가 귀하고 진흙이 흔했던 이 지역에서 건축물은 대부분이

말린 흙벽돌로 지어졌지만, 지구라트만은 구운 벽돌로 쌓아 올리면서 점성이 강한 역청(천연 아스팔트)을 벽돌 사이에 발라서 방수 효과를 높이고 단단하게 만들었다. 도시 안에서 왕궁은 가장 뛰어난 기술로 만든 호화로운 건축물이었다. 우리가 왕궁을 구경하던 중에 구석에서 대단한 예술성을 지닌 묘지를 발견했다.

묘지에 그려진 벽화 〈우르의 깃발〉에서는 장식 재료로 조가비, 붉은 석회석, 청금석이 쓰였는데, 조가비는 인물 형상으로 깎아서 박아 넣고 검은색으로 세부적인 표현을 했다. 청금석은 조각내어 배경에 박았고, 석회석은 장식적인 효과를 위해 첨가되었다. 그림의 내용은 전승 축하연의 왕과 귀족들을 보여주고 있다. 그들은 승리를 자축하며 의식용 의복인 '카우나케(모직 치마)'를 입고 앉아, 오른손으로 술잔을 들어 올리며 신에게 감사하고 있다. 시종들은 왕과 귀족의 시중을 들고 음악가는 수금으로 세레나데를 연주하고 있다. 그리고 아랫단에서는 한 무리의 사람들이 황소, 염소, 생선 따위의 전리품을 연회장으로 가져가기 위해 행렬을 이루고 있다. 이 그림에 묘사된 수메르 상류층의 풍속은 평민의 생활과는 거리가 있을 것이었다.

왕궁을 나와 시가지로 들어선 우리는 어떤 좁은 골목길로 접어들었다. 나지막한 언덕의 흙벽돌 주택에서 문틈으로 한 도공이 흙으로 토기를 빚고 있는 것이 보였다. 놀랍게도 그 도공은 회전판인 물레를 사용하고 있었다. 이 시대의 토기 생산은 수공업 형태로 이루어지고 있었다. 우리는 골목길을 천천히 걸으면서 곡식을 싣고서 지나가는 당나귀가 끄는 바퀴 달린 수레를 보았다. 수레가 어디로 가는지 보고 싶어서 따라가기로 했다. 무거운 짐을 실은 수레는 느리게 움직였기 때문에 따라가기가 힘들지는 않았다. 그러기를 얼마 후에 우리는 그 수레가 바로 신전인 지구라트로 들어가는 것을 목격했다.

💬 대체 곡식이 왜 신전으로 가는 것이죠?

💬 아마도 신전이 곡식을 보관하는 창고 역할을 했던 것 같아. 신전이 높고 견고한 데다가 사제들이 지키고 있으니까. 또 그만큼 사제들의 권위가 높았다는 것을 의미하기도 하지.

기온이 점차 높아지고 있었다. 건조 지역인 이곳에서는 오후가 되면 구름 한 점 없는 하늘에서 태양이 작열하였다.

💬 더위를 식히려면 어찌해야 할까?

💬 강변으로 가면 시원한 바람이 불지 않겠어요.

💬 맞아, 그게 좋겠어.

　강렬한 자외선 때문에 눈을 뜰 수 없어서 손을 펴서 모자의 챙처럼 이마에 갖다 대고는 총총걸음으로 강가로 나아갔다. 강가에는 듬성듬성 나무가 있어서 그늘을 찾을 수가 있었다. 강변에는 제방이 둘러싸여서, 강물을 농지로 끌어들이기 위한 수로가 만들어져 있었다. 수로의 좌우로 밀밭과 보리밭이 펼쳐졌고 근처의 구릉에 농가들이 옹기종기 모여 있는 모습이 한국의 옛날 시골 풍경과 흡사하였다. 강가의 일부 지역에는 배들을 묶어 놓은 항만시설이 보이기도 했다. 갈대로 엮은 둥근 형태의 배와 나무로 만든 뗏목이 섞여 있었다.

💬 저 배들은 어디에 사용된 것인가요?

💬 당시 수메르인들은 배를 이용해서 다른 지역과 교역을 하였어.

💬 대체 무엇을 수출하고 무엇을 수입했나요?

💬 수메르인들은 자신들이 생산한 곡물을 수출했고 자신들의 지역에는 부족한 목재와 금속을 수입하였다고 하더군. 이 시기에 수메르 문명을 근본적으로 발전시킨 엄청난 발명품이 출현했는데 무엇인지 알겠어?

💬 아, 혹시 문자의 발명이 아닌가요.

└ 수메르의 쐐기문자

● 맞아, 흔히 쐐기문자라고 불리는 설형 문자가 출현했는데, 갈대 첨
  필로 진흙 판에 눌러 쓴 다음 진흙 판을 불에 구워서 영구 기록물로
  만들었어.

● 쐐기문자는 사물의 형상을 그린 상형문자였겠지요?

● 물론 처음에는 상형문자로 시작했지만, 훗날에는 급속히 추상화되
  어 표의문자로 바뀌었고 결국에는 자음과 모음을 조합하는 방식으
  로 변화되어 표음문자가 되었어.

　　수메르 인들은 사업, 법률, 행정 등과 관련된 셀 수 없이 많
은 기록을 점토판에 쐐기문자로 기록하여 남겨놓았다. 훗날에
는 수메르의 문자가 더욱 발전하여 복잡한 역사적 서술이나 문
학적 작품도 표현할 수 있었다. 한낮의 더위가 조금 수그러진

무렵에 다시 시내로 들어온 우리는 우연히 골목에서 10대로 보이는 아이들이 어디론가 몰려가는 것을 목격했다.

- 💬 대체 저 아이들이 어디로 가는 걸까요?

- 💬 아마도 학교에 가는 것 같은데.

- 💬 그 시대에 수메르에 학교가 있었나요?

- 💬 그 시기에 수메르에 학교가 생겨서 문자 교육이 제도적으로 이루어졌다는 이야기를 읽은 적이 있어. 한번 따라가 보자구.

흙벽돌로 지은 크지 않은 건물 안으로 들어가면 방이 나오고 아이들은 네 명씩 구운 벽돌로 만들어진 긴 의자에 앉아서 탁자 위에 놓인 점토판 교재를 보고 있었다. 정면에는 교사로 보이는 중년 남자가 엄한 표정을 짓고 서 있었다.

- 💬 모든 아이가 학교에서 문자 교육을 받은 것인가요?

- 💬 모든 아이는 아니고, 훗날에 필경사라고 불리는 필기를 담당하는 전문 직업을 갖고 싶은 아이들이 학교에서 교육을 받은 것이지. 경제적, 행정적인 일을 담당하는 필경사는 수메르 사회에서 인기 직업이었어 그래서 여유 있는 집안에서는 돈을 내고 아들을 학교에 보냈지.

당시에 수메르의 어느 점토판에 써진 이야기는 당시 학교의 일상을 보여주고 있다. 여기에 나오는 어떤 학생은 잠에서 깨

자마자 어머니가 싸준 도시락을 가지고 학교에 간다. 학교에서 잘못을 저지를 때마다 교사에게 회초리로 얻어맞았던 그 학생은 잦은 체벌에서 벗어나기 위하여 자신의 아버지에게 교사를 집으로 초대하여 식사와 선물을 제공하자고 제안한다.

이 이야기는 어쩌면 인류 문명사에서 '촌지'의 출현을 묘사한 것으로 보인다. 당시 수메르 학교의 교사 급여가 형편없어서 교사들이 촌지를 밝힌다는 이야기도 점토판에 쓰여 있다.[*]

💬 그러면 촌지는 효과가 있었나요?

💬 하하, 약 먹은 쥐는 물로 간다(쥐약을 먹은 쥐는 갈증 때문에 물을 찾는다)는 옛말은 역시 틀리지 않았어. 만족스러운 접대를 받은 교사는 온갖 미사여구로 학생을 칭찬했다고 쓰여있지.

학교를 구경한 우리는 다시 골목을 따라서 걸었다. 한참을 걷다 보니 평평한 언덕이 나왔고, 그곳에 두 무리의 사람들이 모여서 논쟁을 하는 듯한 모습을 볼 수 있었다. 그중의 한 무리는 남자 노인들로 구성되어 있었고, 다른 쪽은 젊은 남자들의 무리였다. 양쪽의 사람들 모두 심각한 표정을 지으며 이야기를 나누고 있었다.

💬 저 사람들이 지금 왜 모여 있는 것이죠?

---

[*] 새무얼 노아, 역사는 수메르에서 시작되었다, 가람 기획

🗨 아마 중대한 사안을 논의하고 결정하기 위해서인 듯해. 이 모임은 이를테면 시민집회 같은 것이지.

🗨 그런데 왜 모임이 두 패로 나뉘어 열린 것인가요?

🗨 오늘날로 말하면 상원과 하원이 분리된 것과 흡사한데, 상호 견제의 역할을 한 것 같아.

🗨 시민집회에서는 주로 무엇이 논의되었나요?

🗨 당시 수메르 지역에는 약 10개의 도시 국가들이 있었고 그들 사이에 패권경쟁이 치열했는데, 그래서 시민집회에서는 주로 전쟁을 할 것 인가 아니면 타협과 평화의 길을 갈 것인가가 논의되었지.

🗨 당시에 왕은 어떤 역할을 했나요?

🗨 왕은 양쪽 집회의 결론을 모두 듣고 한쪽의 결론을 선택할 수 있 었지.

우리가 다시 골목을 걷기 시작하고 오래되지 않아서 문이 열려 있는 크지 않은 집 앞에 한 무리의 사람들이 서성이며 차례를 기다리고 있는 광경이 눈에 띄었다.

🗨 저기서 사람들이 무엇을 기다리는 것일까요?

🗨 아마도 치료를 받으려고 하는 것일 거야. 이곳에 명의가 있다는 이 야기를 들었거든.

- 이 시대에도 의사가 있었나요?

- 수메르에서는 일찍이 의술이 발달했고, 이곳에 사는 의사는 점토판에 쐐기문자로 최초의 의학서적을 썼다고 하더군.

- 의학서적의 내용은 무엇이었나요?

- 질병과 상처 치료를 위한 처방법과 처방제를 알려주는 것이었어. 처방제로는 자연에서 구할 수 있는 것으로 내용을 적어두었지.

- 참, 당시 수메르 인들은 무엇을 주식으로 했나요?

- 우르와 함께 수메르의 대표적인 도시 국가 우르크의 전설적인 왕 길가메시의 업적을 찬양한 〈길가메시 서사시〉에 나오는 한 구절을 보면 알 수 있어.

나는 묻는 답에 응해 〈길가메시 서사시〉의 한 구절을 읊어주었다.

"그는 더는 배고프지 않을 때까지 빵을 먹었다!
그리고 맥주를 마셨다. 일곱 병이나!
그의 영혼은 행복하고 편안해졌고,
그의 몸이 황홀감을 느끼면서
그의 얼굴은 기쁨으로 빛났다."*

---

* 질리언 라일리, 미식의 역사, 푸른 지식

수메르 인이 세운 도시 국가로 마지막까지 살아남았던 우르가 B.C. 2000년경에 유목민족인 셈족에게 멸망당하였다. 이로써 인류 최초로 문명의 꽃을 피운 수메르의 도시 국가 모두가 사라졌다. 이 슬픈 이야기는 점토판에 쐐기문자로 써진 한 편의 시로 전해지고 있다.

"참으로 나의 새들과

날개 달린 것들은 모두 날아가 버렸고,

오! 나의 도시여

내 딸들과 아들들은 모두 끌려갔고

오! 나의 백성들이여

내 도시는 더 이상 존재하지 않고

아무런 이유 없이 공격당했으며

아, 내 도시는 공격당해 무너져 버렸구나!"*

이 시에서 '아무런 이유 없이 공격당했다.'는 구절이 나오는데, 그들은 수메르인의 오래된 격언 '군사력이 약한 국가의 정문에는 적이 끊이지 않는다.'를 잊은 것 같다. 수메르인은 사라졌어도 수메르 문명은 사라지지 않았다. 수메르인이 남긴 문명의 유산은 메소포타미아 문명의 뿌리가 되어 오랜 세월 동안 계승되었다.

---

* 남영우, 문명의 요람 퍼타일 크레슨트, 푸른길

└ 티그리스 강 상류

　수메르인의 슬픈 이야기를 뒤로하고 다시 타임머신에 승선했다. 우리의 메소포타미아 문명 기행은 이제야 발걸음을 떼었으니 아직은 이 지역을 떠날 수가 없었다. 다음 목적지는 티그리스 강의 상류에 있는 아시리아의 수도 니네베였고, 때는 아시리아의 전성기였던 B.C. 7세기였다.

2. 니네베

(Nineveh)

└ 센나케리브

　니네베의 역사를 이야기하자면 구약성서에 나오는 구절들을 언급하지 않을 수가 없다. 구약성서의 창세기를 보면 아시리아는 '대홍수' 이후에 세워진 최초의 강대국이다. 건국자 님로드는 노아의 증손자로 최초에는 그의 왕국을 메소포타미아 남부의 삼각주에 세웠지만, 훗날에는 북쪽으로 멀리 이동해서 티그리스강 상류 변에 니네베를 건설하였다. 강변의 동쪽 언덕을 따라 펼쳐져 있는 니네베는 아시리아왕국의 수도가 되어 가장 위대한 도시로 부상했다.*

　B.C. 7세기에 아시리아는 서부 이란에서 지중해 해안까지 남

---

* 　아놀드 브랙만, 니네베 발굴기, 대원사

└ 니네베 성문

쪽으로는 이집트의 나일 강 삼각주까지 통치했던 대제국이 되었고, 그들의 군사력은 당시에 세계 최강이었다.

사르곤 왕조의 두 번째 왕 센나케리브(Sennacherib, 재위 B.C. 704~681)은 '공포로 몸을 감싼 힘이 센 영웅'이라고 불렸던 자로서, 니네베를 재건하면서 도시의 둘레에 이중 성벽을 쌓아서 요새화하였다.

타임머신 밖으로 나온 우리는 성문을 통과해서 시내로 들어갔다. 니네베 시내는 큰 도로가 사방으로 뻗어있고 그 주위에 많은 건물이 들어서서 번화하였다. B.C. 7세기의 도시라고는 믿기지 않을 만큼 웅장하고 화려하였다. 특히 우리의 눈길을 끈 것은 멀리서도 보이는 금빛으로 빛나는 거대한 건물이었다. 호기심으로 가득 찬 우리가 총총걸음으로 다가가 보니 센나케이브가 건축한 것으로 알려진 유명한 궁전이었다. 이 궁전이 어찌

└ 니네베 궁전 상상도

나 요란하게 금빛 치장을 하였던지 도시 전체가 훤해 보였다.

센나케이브는 이 성안에 거대한 궁전 이외에도 대리석, 상아, 외국산 목재 등으로 대규모 단을 세웠으며, 5킬로미터 밖에서 맑은 물을 끌어오는 수로를 건설했다.* 우리는 그 유명한 궁전을 구경하기 위하여 궁전의 정문 안으로 들어섰다. 그러자 왕실의 의전 식장으로 보이는 엄청난 크기의 건물이 눈앞에 나타났는데, 입구에는 석회석으로 조각된 날개 달린 거대한 사자와 황소들이 지키고 있었다. 궁전의 거대한 공간들은 벽으로 구획되어 있었는데, 벽에는 '라마수' 부조가 장식되어 있었다. '라마수'는 수메르어로 '수호신'을 의미하는데, 황소의 몸에 사람의 얼굴을 가졌으며 날개가 있는 형상이다.

* 주디스 코핀, 새로운 서양문명의 역사 상권, 소나무

└ 라마수

💬 저 형상은 무엇을 의미하는 것인가요?

💬 황소의 힘, 독수리의 자유 그리고 인간의 지혜가 합쳐졌다는 것을 의미한다고 하더군.

💬 이 궁전의 분위기는 어떠했나요?

💬 왕족들은 야비하고 방탕했어. 젊은 여인들이 왕족들 앞에서 벌거벗고 춤을 추었으며, 거세된 환관들이 온갖 음모를 벌였지.

궁전에서 가까운 곳에는 지구라트가 있었는데, 높이는 약 60미터로 매우 높았고, 탑의 심장부에 아치형 방이 있었다. 이 방에서 매춘부들은 우상들 앞에서 공공연히 매음행위를 하고 있었다. 아시리아인은 성욕, 물욕, 권력욕의 노예라는 생각이 들었다.

거리로 나선 우리는 평범한 사람들의 생활을 보기 위해 주변

└ 니네베 도서관

을 둘러보며 천천히 걸었다. 길가에는 양고기, 밀빵, 보리빵을
파는 상점들이 흔히 보였다. 한 떼의 군인들이 거리를 걸어가
고 있었는데, 그들은 철로 만들어진 갑옷을 입고 머리에는 끝
이 뾰족한 투구를 쓰고 있었다. 군인들이 으스대고 걸어가는
모습을 보니 군사문화가 지배하는 사회인 듯하였다. 시내 한
복판에는 여러 갈래의 길이 만나는 광장이 있었는데, 그곳에는
높이가 약 2미터인 검은색 돌로 만들어진 비석이 세워져 있었
다. 이 비석의 4면에 조각된 부조는 발밑에 포로를 둔 왕이 이
국적인 동물들을 차례대로 사열하는 모습을 묘사하고 있었다.
이것은 아시리아의 왕 샬마네저 3세가 다섯 나라로부터 공물을
거두어드리는 모습이라고 한다.

　거대한 이 도시에는 구석구석에 훌륭한 건축물들이 많이 있
었는데, 왕궁 다음으로 뛰어난 건물은 바로 도서관인 듯하였다.

당시에는 세계 최고의 도서관이었던 이 건물을 지은 사람은 센나케리브의 손자이며 사르곤 왕조의 4번째 왕 아슈르바니팔 (재위 B.C. 669~627)이다. 그는 군사적인 위용을 떨쳤을 뿐만 아니라 문화 사업에도 열중하여 아시리아를 문화 대국으로 만들려고 하였다. 실제로 이 도서관에는 메소포타미아의 모든 위대한 문학작품이 아시리아 쐐기문자로 필사되어 점토판으로 소장되었으며, 동시에 왕의 공식 활동에 관한 문서도 보관되고 있었다. 그밖에도 이 도서관에는 수학, 천문학, 점성술에 관한 저서들이 많았다.

💬 군국주의 국가였던 아시리아에서 문화 사업이 추진된 이유가 무엇일까요?

💬 그들의 뿌리 깊은 문화적 열등감 때문이었던 것 같아. 그들은 전쟁은 잘했지만, 종교, 언어, 법률, 예술 등은 대부분 수메르 인이나 바빌로니아 인에게서 빌려온 것이었거든.

전쟁을 잘했던 아시리아 인이 청동기, 철기 제작 같은 금속 수공업에 유능했던 것은 당연한 이치였고, 실사구시가 강한 족속이니 아치, 터널, 수로 등의 건설 분야에는 유능했다고 한다.

문화 사업에도 불구하고 도서관에 소장된 아시리아의 문학을 보면 전쟁을 찬양하는 내용의 일색이었다. 그리고 개선비들에 새겨진 아시리아의 역사 이야기들은 입에 올리기도 무서운 잔혹사였다. 어느 왕의 기념비에는 이런 구절들이 있었다.

"나는 (적국)귀족들의 껍데기를 벗겼고, 3,000명의 포로를 불에 태워 죽였다. 나는 한 명의 포로도 남겨 두지 않았다. 나는 그들의 손과 발을 자르고, 코와 귀를 베어내기도 했다. 수많은 병졸의 눈을 도려내기도 하였고, 처녀들을 통째로 굽기도 했다."*

훗날인 B.C. 612년에 반아시리아 동맹군이 니네베를 함락하고 불태워서 폐허로 만든 것은 '뿌린 대로 거둔다'는 격언이 실현된 사건이었다. 아시리아의 오랜 만행에 이를 갈고 있던 반란 연합군이 니네베 성벽에 도달했을 때 사치스럽고 게을렀던 호색한 사르다나팔루스 왕은 궁전에 불을 지르고는 자신도 불 속으로 뛰어들었다. 오리엔트를 통치했던 대제국 아시리아의 수도 니네베는 폐허로 변하여 망각의 세계 속으로 사라져 버렸다.

이제 우리들의 니네베 기행이 끝났지만 나는 무상한 세상사를 생각하며 침묵에 빠져 있었다. 과도한 탐욕과 만행 그리고 쾌락의 종점은 비참한 몰락이라는 세상사의 순리를 니네베의 역사는 보여주고 있었다.

조종석에 앉은 후배는 내 얼굴을 빤히 바라보고 있었다. 어디로 가야 할지를 알려달라는 표정이었다. 나는 'B.C. 5세기의 바빌론'이라고 말해 주고는 잠시 눈을 감았다.

---

* 아놀드 브랙만, 니네베 발굴기, 대원사

3. 바빌론

(Babylon)

타임머신이 바빌론으로 가는 사이에 고대 그리스의 역사가 헤로도토스가 했던 말이 머리를 스쳐 지나갔다.

"메소포타미아에는 큰 도시가 수없이 많으나, 그중에서 가장 유명하고 가장 굳건한 요새를 자랑하는 도시는 바빌론이다."*

메소포타미아의 중부에 있는 바빌론은 유프라테스 강가의 광대한 평야에 자리 잡은 거대한 도시로 헤로도토스가 찾아왔던 B.C. 5세기에는 네모꼴 형태에 한 변의 길이는 약 22킬로미터나 되었다.

바빌론은 유서 깊은 도시였다. B.C. 18세기에 함무라비 대왕이 메소포타미아를 통일하고 세운 바빌로니아 왕국의 수도로 번영했고, 먼 훗날에는 아시리아에 정복되었다가 B.C. 7세기에는 칼데아족이 아시리아를 내몰고 세운 신바빌로니아 왕국의 수도로 부흥했다. 하지만 B.C. 6세기에는 페르시아에 정복되어 페르시아의 최고 도시로 번영했다.

우리는 타임머신 밖으로 나와 언덕 위에서 이 도시의 광경을

---

* 헤로도토스, 헤로도토스의 역사, 동서문화사

보았다. 참으로 아름답고 정비가 잘된 도시였다. 거대한 성벽이 도시를 둘러싸고 있었고 그 주위에는 빙 둘러서 물이 가득 채워져 있는 깊고 넓은 해자가 있었다.

💬 저 해자를 팔 때 엄청난 양의 진흙이 나왔을 텐데, 그걸 어떻게 처리했죠?

💬 그 진흙으로 벽돌을 만들고 불에 구워서 성벽을 쌓았다고 하더군. 성벽을 쌓을 때는 수메르에서 사용했던 역청을 벽돌 사이에 넣어서 단단하게 만들었지.

우리는 서서히 언덕을 걸어 내려와 성문으로 향하였다. 성벽은 외벽과 내벽으로 구성되어 있었는데, 내부 성벽은 놀라울

제1장 메소포타미아(유프라테스 강, 티그리스 강) 문명

정도로 넓어서 그 위에서 네 필의 말이 끄는 마차가 양쪽에서 달려와도 통행에 문제가 되지 않을 정도였다. 8미터 간격으로 쌓은 구운 벽돌 벽 사이에 흙을 채워서 그토록 넓은 성벽이 된 것이었다. 그리고 그 바깥에는 다시 넓이 4미터의 구운 벽돌로 된 외부 성벽이 버티고 있었다. 게다가 내부 성벽에는 360개의 망루 그리고 외부 성벽에는 250개의 망루가 밖을 노려보고 서 있었다. 참으로 난공불락의 요새였으며, 그 시대에 최대 규모의 성벽이었다. 이 성벽을 건설한 신바빌로니아의 네부카드네자르 대왕(재위 B.C. 604~562)은 이런 글을 남겼다.

> "나는 동쪽 바빌론에 거대한 성벽을 쌓았다.
> 나는 호를 구축하였고 호와 성벽 사이의 경사면을 역청과 벽돌로 조성하였으며, 그 물가를 따라 거대한 성벽을 산처럼 높이 구축하고 넓은 문을 만들어 구리 옷을 입힌 삼나무 문짝을 끼워 놓았다. 나는 이와 같이 성채를 교묘히 쌓아 올려 바빌론을 요새화하였다."*

우리는 성의 정문인 이슈타르 성문을 통과했다. 이슈타르란 바빌론의 수호 여신으로 전쟁과 섹스의 상징이었다. 이슈타르 성문은 푸른색 바탕에 에나멜을 칠한 동물들의 양각으로 장식되었고, 아치형의 테두리에 황금색 문양이 장식되어서 전체적으로 몹시 화려했다.

---

* C.W. 세람, 낭만적인 고고학 산책, 대원사

└ 이슈타르 성문

　성문을 지나서 안으로 들어와서 보니 도시의 모습이 독특하였다. 도시의 한가운데로 유프라테스 강이 흘러들어 도시를 가로지르는 바람에 시내가 둘로 나뉘어 있었다. 그리고 시내는 구획된 도로에 맞추어서 3층 집과 4층 집이 빈틈없이 이어져 있었다. 시내에 들어서고 나서 얼마 지나지 않아서 강변 방향을 보고 있던 후배가 놀란 음성으로 외쳤다.

💬 아, 저기에 엄청나게 높은 탑이 있네요?

💬 바벨탑이라고 불리는 건축물인 것 같아

　유프라테스강의 동안(東岸)에 있는 이른바 바벨탑이라고 불리

└ 바벨탑 건축 상상도

는 지구라트는 8층의 계단형태로 높이가 90미터에 이르렀다.

이 탑은 이 도시의 상징물이면서 메소포타미아에서 가장 높은 지구라트이다. 바벨탑은 구운 벽돌에 역청을 바르면서 쌓아 올린 단단한 건축물로서 탑의 바깥쪽에 계단식 나선형 통로가 있어서 사람들이 걸어서 올라갈 수 있었다.

💬 바벨탑 이야기는 어린 시절부터 숱하게 들었는데, 대체 바벨탑은 왜 이리도 유명한 것이죠?

💬 구약성서 창세기 11장에 이 탑의 이야기가 나오기 때문에 기독교 문화권에서는 유명해진 것이지.

구약성서에 나오는 바벨탑에 관한 이야기는 이렇다.

"온 세상이 한 가지 말을 쓰고 있었다. 물론 낱말도 같았다. 사람들은 동쪽으로 옮아오다가 시날 지방 한 들판에 이르러 거기 자리를 잡고는 의논하였다. '어서 벽돌을 빚어 불에 단단히 구워내자.' 이리하여 사람들은 돌 대신에 벽돌을 쓰고, 흙 대신에 역청을 쓰게 되었다. 또 사람들은 의논하였다. '어서 도시를 세우고 그 가운데 꼭대기가 하늘에 닿게 탑을 쌓아 우리 이름을 날려 사방으로 흩어지지 않도록 하자.'"

구약성서에 나오는 바벨탑 이야기는 B.C. 587년에 유다 왕국이 신바빌로니아 왕국에 의해 멸망되면서 바빌론으로 끌려온 유대인들이 쓴 이야기로 추정되고 있다.

- 대체 바벨탑은 언제 건설된 건가요?

- 아마도 B.C. 3000년경에 최초로 건설되었다가 훗날에 파괴된 것을 B.C. 6세기에 신바빌로니아의 네부카드네자르 대왕에 의해서 옛 모습 그대로 복원되었다고 알려져있어.

바벨탑에 오르고 싶은 객기가 발동한 나는 슬며시 후배에게 피곤하냐고 물었다. 내 속내를 눈치챈 그는 "지리산도 오른 우리가 저것쯤 못 오르겠어요." 라고 대답했다. 하지만 등산로가 아니라 돌계단만을 밟고 오르기는 그리 수월하지 않았다. 우리는 계단을 한참 오르다가 중간쯤에 있는 휴식용 의자에 앉아서

제1장 메소포타미아(유프라테스 강, 티그리스 강) 문명

숨을 돌렸다. 그리고 마침내 헉헉대면서 일곱 번째 기단에 오르자 벽에 금박을 입히고 청색 벽돌로 장식된 15미터 높이의 커다란 신전이 눈앞에 나타났다. 이 벽이 햇빛을 반사하여 멀리서도 한눈에 띄었던 것 같다. 신전 안으로 들어가니 아름다운 깔개로 장식된 침상 의자가 있고, 그 옆에 황금색 탁자가 놓여 있었다. 그런데 신전이라면 당연히 있어야 할 신상이 보이지 않았다.

🔘 신전에 신상이 없다니 대체 어떻게 된 일이죠?

🔘 이곳에는 신상은 없고 신의 사제 역할을 하는 여자 한 명만이 있었는데, 신이 이 신전에 와서 침상 의자에서 사제 여인과 동침을 했다고 하더군. 신을 의인화한 수메르인의 종교관과 유사해 보이지.

아래를 내려다보니 수많은 순례자가 마르두크 신에게 경배 드리기 위해 이쪽으로 오고 있었다. 우리는 빨리 내려가야겠다고 판단하고는 즉시 몸을 움직이기 시작했다. 바벨탑을 걸어 내려와서 잠시 휴식을 취한 후에 탑을 바라보니 사람들이 줄을 서서 돌계단을 오르고 있는 광경이 눈에 띄었다. 탑 아래에 있는 성벽으로 둘러싸인 공지에는 각지에서 모여든 순례자들이 기숙하는 건물들이 있었다. 그리고 바로 옆에 있는 마르두크 신전에는 바빌론의 왕들에게 왕관을 수여하는 막강한 권력을 가진 사제들이 살고 있었다.

이제 우리는 바벨탑 인근을 떠나서 다른 곳을 구경하려고 하

└ 바빌론의 공중정원

였다. 어디로 가는 것인지 궁금해하는 후배에게 뭔가 힌트를 주고 싶었다.

● 바빌론에서 최고로 유명한 건축물을 보러 가자구.

● 아, 공중정원을 말하는 것이죠?

바벨탑에서 공중정원으로 가는 길은 넓적한 석재로 포장되어 있었으며 석재 사이에는 역청을 발라서 고정해 놓았다. 도로의 양측은 높이가 7미터 정도 되는 벽으로 싸여 있어서 밖이 보이지 않았다. 바벨탑에서 멀지 않은 곳에 있는 이 건축물은 지상보다 높은 계단식 테라스 위에 만든 정원이어서 '공중정원'

제1장 메소포타미아(유프라테스 강, 티그리스 강) 문명

이라는 이름이 붙여졌다. 바빌론의 공중정원은 궁전 바로 옆에 세워졌다. 공중정원이 건설된 이유는 신바빌로니아의 네부카드네자르 대왕이 메디아 왕국의 공주를 아내로 맞아들였는데, 산악지대 출신의 그녀가 초록빛의 꽃과 초목이 우거진 산을 그리워하며 향수병에 걸렸다. 그녀를 안타깝게 보고 있던 남편 네부카드네자르 대왕은 평지인 바빌론에 공중정원을 건설하였다고 한다.[*] 공중정원에는 꽃과 나무만 있었던 것이 아니고 식자재로 사용되었던 채소도 재배되었는데, 전해지는 바에 의하면 마늘, 양파, 부추, 쪽파, 양상추, 오이, 멜론, 순무 등이었다고 한다.[†]

바빌론은 전 지역이 운하들로 구획되어 있었다. 그중에서 큰 운하에는 배가 다니고 있었는데, 배는 대부분이 둥근 형태이고 버드나무로 만들어진 뗏목에 동물의 가죽을 씌워 선체처럼 만든 것이었다. 이 배에서는 두 사람의 뱃사공이 열심히 노를 젓고 있었다. 한편 강수량이 적은 이 지역에서 곡물의 수확량이 많은 것은 작은 운하들이 관개 수로의 역할을 하고 있기 때문이었다.

💬 이 지역에서는 어떤 농산물이 많이 재배되었나요?

💬 밀과 보리의 수확량이 많았고, 과일 생산은 매우 적었다고 하더군

---

[*] 남영우, 문명의 요람 퍼타일 크레슨트, 푸른길
[†] 질리언 라일리, 미식의 역사, 푸른 지식

단지 곳곳에서 대추야자가 자라고 있는데, 이곳 사람들은 그 열매로 음식이나 술을 만들었다고 한다.

헤로도토스는 이곳의 희한한 결혼 풍속을 《역사》에서 소개하였다. 시집갈 나이가 된 처녀들을 모두 모아 한곳으로 데리고 가서 그 둘레를 총각들이 둘러싼다. 그리고 나서는 중개인이 가장 근사한 아가씨부터 한 명씩 소개하면서 경매 형식으로 판매한다. 부유한 집안의 총각은 높은 가격으로 근사한 아가씨를 산다. 한편 용모가 떨어지거나 신체장애로 인해 팔리지 않는 처녀의 경우에는 거꾸로 가장 적은 액수의 돈을 받고 그녀를 데려갈 총각을 찾기 위해 역시 경매를 한다. 이런 경우에는 결과적으로 처녀들이 지참금을 가지고 시집가는 것이 된다. 바빌론의 남자들은 아내와 관계를 갖고 난 뒤에는 반드시 향을 피우고 아내와 서로 마주 보고 앉는다. 날이 새면 부부는 다 같이 몸을 씻는다. 몸을 씻기 전에는 그 어떤 그릇에도 손을 대는 것이 금지되었다.[*]

고대의 바빌론은 오리엔트에서 가장 발전한 도시 중의 하나였으며, 수많은 신비로운 이야기를 품고 있는 곳이었다. 우리들의 짧은 타임머신 여행으로는 그 많은 이야기를 모두 담을 수 없었음은 당연한 일이었다.

바빌론 기행을 끝낸 우리는 다시 타임머신에 올라타고 9세기 초의 바그다드로 떠났다. 동체가 뜨는 것을 느끼면서 동시

---

[*] 헤로도토스, 헤로도토스의 역사, 동서문화사

에 잠시 눈을 감고 평온한 기분을 즐기고 있었다.

💬 그 시대의 그곳에는 왜 가는 것이죠?

궁금증을 참지 못한 후배가 내 평온을 깨고 말았다.

💬 이슬람제국의 아바스 왕조 전성시대에 그 수도였던 바그다드는 세계에서 가장 크고 번영했던 도시였어. 메소포타미아 문명의 마지막 번영을 보고 떠나고 싶어서.

4. 바그다드
(Baghdad)

예언자 마호메트가 610년에 아라비아반도의 메카에서 이슬람교를 창시했다. 이후 메카의 유력가문인 우마이야 가(家)는 이슬람교로 개종하고는 7세기 중반에 마호메트의 일족을 제거하고 칼리프 왕조를 창건하였다. 그러나 우마이야 칼리프들은 부패와 향락에 빠져 민심을 잃었고 그로 인해 반란이 일어났다. 반란군은 마호메트의 숙부 쪽 후손인 아불 아바스를 새로운 칼리프로 옹립하고 당시 이슬람제국의 수도였던 시리아의 다마스쿠스를 함락하고는 우마이야 왕가를 도륙하였다. 그리고 새로운 칼리프 왕가가 된 아바스 가문은 756년에 자신들의 새 수도를 바빌론의 북동쪽 티그리스 강가에 있는 바그다드에 건설하기 시작하였다.*

  💬 이슬람제국에서 칼리프란 어떤 자리인가요?

  💬 칼리프란 본시 마호메트의 후계자라는 의미인데, 종교와 정치가 일치하는 이슬람제국에서 최고의 종교지도자이며 정치지도자였지.

마침내 9세기 초의 바그다드에 도착한 우리는 타임머신 밖

---

* 데이비드 리버링 루이스, 신의 용광로, 책과 함께

으로 나갔다. 도시의 광경은 참으로 독특했다. 티그리스 강의 서편과 동편 모두에 성곽으로 둘러싸인 도시가 있었는데, 특히 서편에 있는 원형의 도시는 SF영화에서 외계인이 타고 다니는 우주선의 모양과 흡사하였다.

💬 서편의 둥근 도시는 어떻게 만들어진 것인가요?

💬 아바스 왕조의 2대 칼리프였던 알 만수르가 건설한 계획도시로 원래는 '만수르의 원형 도시'라고 불리었지.

원형 도시의 중심 부분은 왕성으로 두레는 약 6.4킬로미터이고, 그 바깥쪽으로 삼중의 성벽이 세워졌으며, 성벽 밖으로는 폭 20미터의 해자가 둘러싸고 있었다. 그리고 성벽에는 4개의 성문이 있었는데, 그곳으로부터 방사상으로 길이 뻗어있었다.[*]

---

[*] 남영우, 문명의 요람 퍼타일 크레슨트, 푸른길

우리는 성문을 통과하여 큰길을 따라 도시 안으로 들어가면서 주변을 둘러보았다. 상점들이 늘어서 있는 대도시의 번화한 상가 거리에는 온갖 종류의 상품들이 전시되어 있었다. 중국산 비단과 도자기, 인도 산 향신료, 아프리카 산 보석과 이집트 산 곡물, 이탈리아 산 포도주, 그리스 산 올리브 등 전 세계에서 온 상품들이 거래되고 있었다. 거리를 지나가는 사람들도 중동계, 유럽계, 인도계, 동양계가 뒤섞여 있어서 국제도시의 면모를 느낄 수 있었다.

일반 시민들이 사는 곳은 왕성 밖이었는데, 그곳도 번화한 시가지를 이루고 있었다. 원형의 성벽 내부는 총면적이 약 250제곱킬로미터에 달했으며 그 안에는 왕궁, 학교, 병원, 모스크 등 온갖 공공시설들이 자리 잡았다. 9세기 초에 바그다드의 인구는 100만 명에 가까웠다.[*]

💬 이곳의 광경을 보니 당시에 상업이 번성했던 것 같아요?

💬 맞아, 당시 이슬람 문명권이 팽창하면서 해상과 육상을 통한 장거리 교역이 활발했어. 이 시기는 상업의 전성기로 이슬람 상인들은 동양과 서양의 많은 나라와 매우 다양한 상품을 거래했다고 하는군.

왕성 안으로 들어서니 녹색 돔 지붕의 거대한 왕궁과 모스크가 보였다. 칼리프의 궁전 정면에는 도금된 성문이 있었고, 엄

[*]　데이비스 리버링 루이스, 신의 용광로, 책과 함께

└ 모스크의 녹색 돔

청난 규모의 모스크가 나란히 서 있었다. 모스크의 둥근 돔 지붕과 첨탑들이 태양 아래 화려하게 빛나고 있었다.

💬 이슬람 문명에서 가장 특징적인 건물은 무엇인가요?

💬 이슬람 사원인 모스크라고 할 수 있어. 8세기 초에 메디나의 저택에서 유래한 양식이라고 하는데, 개방형 정원과 첨탑이 특징이지.

이슬람 사원을 장식하기 위하여 모자이크, 도자기, 서예 같은 부차적인 예술이 발전하여 이슬람 양식이라고 불리는 하나의 예술 양식으로 자리를 잡게 되었다. 당시 바그다드를 중심으로 하여 자리를 잡았던 이슬람 사상이란 경전인 '코란'과 율법인 '수나'를 근거로 하여 이루어진 것이었다. 그리고 이를 통해 이슬람교도들의 행위 규범이 확립되었다.[*]

🗨 당대의 바그다드가 철학과 과학의 중심지였다는 이야기를 들었어요

🗨 맞아, 8~10세기에 바그다드에서는 아바스 왕조의 학문 장려정책 덕분에 고대 그리스 로마의 학문에 페르시아, 중국, 인도의 과학이 융합되어 찬란한 문명을 이루었어.

🗨 구체적으로 어떤 분야가 특히 발전했나요?

🗨 철학, 의학, 수학, 천문학, 화학이 크게 발전했는데, 화학적 반응을 연구하여 염산, 황산, 소다 등의 물질을 만들기까지 했다더군.

'지혜의 집'은 825년에 칼리프 알마문이 바그다드 왕궁 근처에 세운 아카데미로 중세의 대표적인 학문의 전당이었다. 이곳에서는 당시에 약 90명의 학자들이 모여서 그리스와 페르시아의 서적들을 아랍어로 번역하였다.[†]

바그다드를 마지막으로 우리들의 메소포타미아 문명 기행은

---

[*] 장 카르팡티에, 지중해의 역사, 한길사
[†] Wikipedia, Haus der Weisheit

└ 지혜의 집

끝났다. 우리는 타임머신을 세워놓은 채로 그 안에서 먹고 마시며 그동안의 피로를 풀었다.

- 💬 메소포타미아 문명을 보고 어떤 점이 가장 감명 깊었지?

- 💬 이렇게 척박한 땅에서 그렇게 뛰어난 문명이 출현했다는 것이 놀라워요.

- 💬 그렇지, 자연적으로 불리한 환경이 인간의 창의력을 극대화 시킨다는 토인비의 생각이 맞는 것 같아.

- 💬 아, 도전과 응전.

우리는 충분히 휴식을 취하고는 새로운 여행을 떠나기로 하였다. 목적지는 까마득한 옛날에 위대한 문명을 창조한 이집트

의 나일 강 유역이었다. 이제 우리를 태운 타임머신은 메소포
타미아를 떠나서 나일 강으로 향하였다.

제2장

나일(Nile) 강 문명

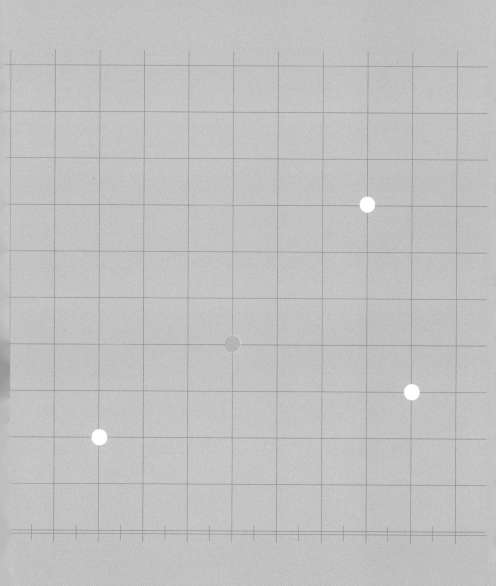

└ 나일 강

타임머신이 날아가는 동안 잠시 내 머리에는 고대 이집트인이 쓴 〈나일찬가〉라는 시의 구절들이 떠올랐다.

"오오, 나일 강이여! 대지에서 나와 상이집트를 살리기 위해 조용히 오는 너. 너를 마시리로다. 오오, 나일 강이여! 대지에서 나와 하이집 트를 소생시키기 위해 조용히 오는 너, 너를 마시리로다."*

나일 강 연안의 도시 중에서 우리가 가장 먼저 찾아간 곳은 'B.C. 24세기의 멤피스'였다. 이 도시는 B.C. 3000년경에 상이집트와 하이집트가 합쳐져서 탄생한 고왕국의 수도로 번영하였다.

---

* 요시무라 사쿠지, 이집트, 사해문집

1. 멤피스

(Memphis)

이집트를 여행했던 역사가 헤로도토스는 이런 말을 하였다.

"이집트의 토양은 진흙과 나일이 에티오피아로부터 운반해 온 충적토로 이루어져 있으므로 검고 무르다."*

나일 강의 주기적인 범람으로 비옥한 토양이 공급되어 풍요한 고대 사회가 이집트에 출현한 것이었다.

💬 이집트인은 나일 강의 정기적인 범람을 이용해서 농사를 짓고 살았다지요?

💬 맞아, 5월에서 9월까지 나일 강이 범람하여 강변의 농지에 물과 함께 새로운 토양을 제공해주면, 물이 빠진 11월에 곡식을 파종하였지.

💬 그러려면 절기를 정확히 파악하는 것이 중요했겠네요?

💬 그 바람에 일찍이 달력을 만들었어. 한 달을 30일, 1년을 12달로 하고 연말에 5일을 넣어서 1년을 365일로 하는 양력을 개발했는데, 오늘날 전 세계적으로 사용되는 달력의 원조였지.

---

* 헤로도토스, 헤로도토스의 역사, 동서문화사

타임머신이 멤피스에 도착하자 우리는 밖으로 나와서 도시의 전경을 보았다. 가장 먼저 우리의 눈에 들어온 것은 나일 강변에 아름다운 흰색의 벽으로 둘러싸여 있는 신전으로 보이는 건물이었다.

🗨 저 건물은 신전인 것 같아요.

🗨 프타 신전이라고 하지. 고왕국 시대에 멤피스의 주신(主神)이 '프타'였는데, 신화에 의하면 프타 신이 진흙을 반죽해서 사람의 형상을 만들고 코로 숨을 불어 넣어서 최초의 인류를 만들었다고 하더군.

🗨 하하, 인류의 탄생에 관한 구라는 전세계 어디에나 있는 것 같아요.

🗨 인간이 가장 알고 싶은 신비한 사건이니까. 물론 요즘은 유인원에서 호모 사피엔스로 진화되었다는 학설이 대세이기는 하지만.

프타는 고대 이집트 신화에 나오는 창조의 신으로 파괴의 어신 세크메트의 남편이다. 프타 신전은 왕들의 비호를 받으면서 고왕국 시대에 신학의 중심지가 되었다.

💬 학문이 발전했다는 이야기는 문자와 필기도구가 있었다는 것을 의미하잖아요?

💬 이집트 고왕국에서는 상형문자가 사용되었고, 나일 강에서 자라는 파피루스라는 식물의 줄기를 가공하여 종이처럼 필기도구로 사용하였지.

헤로도토스에 의하면 신전의 사제는 이틀에 한 번은 온몸의 털을 깎고 하루에도 아침과 저녁으로 목욕을 하여서 청결을 유지하고 아마로 만든 옷만 입고 파피루스로 만든 신만 신었다.*

● 이 이야기를 듣고 보니 사제로 사는 것이 피곤했겠어요?

● 좋은 점도 많이 있었어. 예를 들면 귀족이나 평민들에게 은전을 받아서 돈을 많이 벌 수 있었고, 게다가 소고기, 거위고기 같은 고급음식도 충분히 먹을 수 있었지. 세상에 공짜는 없는 법이니까 그 정도의 피곤함은 감수해야겠지.

우리는 서서히 걸어서 나일 강 변에 도착했다. 산들산들한 바람이 불어와서 더위를 잠시 식혀주는 듯하였다. 듬성듬성 서 있는 야자나무가 강변의 정취를 더해주고 있었다. 헤로도토스는 "이집트는 나일 강의 선물"이라는 말을 했지만, 사실 고대 이집트의 풍요가 단지 나일 강이 가져다준 공짜 선물은 아니었고, 이집트인들의 노동과 나일 강이 결합하여 이룩한 결과였다. 나일 강은 정기적으로 범람했지만, 수위는 매년 달랐다. 예를 들면 작년까지는 홍수가 났던 곳에 금년에는 물이 들어오지 않거나, 반대로 전에는 물이 들어오지 않았던 곳이 금년에는 갑자기 홍수를 겪을 수도 있었다.

● 저기 강변의 계단 옆에 돌기둥에 붙어있는 눈금이 새겨진 길쭉한 판들이 보이지?

* 헤로도토스, 헤로도토스의 역사, 동서문화사

⌐ 나일로미터

💬 예, 그것이 무엇인가요?

💬 고대 이집트의 왕들은 강물의 수위를 측정해서 홍수를 예측할 수 있
는 측정기를 강변에 설치했는데, 흔히 '나일로미터'라고 불렸어.

💬 만약에 강물의 수위가 예년보다 낮은 시기가 계속되면 어떻게 하나요?

💬 그런 경우에는 관개 시설을 사용하여 강물을 농토로 끌어들여야 했
어. 나일 강 주변에서 관개 시설을 이용하여 끌어들인 강물의 양이
연간 2,000밀리미터의 강수량에 필적한다는 이야기가 있지.*

💬 나일 강의 수위가 매년 달라지는 이유가 무엇인가요?

💬 발원지에 있는 아비시니아고원의 강우량이 주기적으로 증감하면서

* 남영우, 문명의 요람 퍼타일 크레슨트, 푸른길

기복이 크기 때문이었지.

어쨌든 나일 강의 주기적인 범람으로 연안의 농토에 새로운 흙이 덮여서 토양이 재생되는 현상은 고대 이집트인에게 생명의 재생 또는 부활을 믿게 하였다. 이는 이집트인의 종교와 장례 문화에 큰 영향을 주었다.

나일 강 변을 떠난 우리는 천천히 멤피스 시내 방향으로 걸으면서 도시를 둘러싼 낮은 성벽에 있는 문을 통과하였다. 통일 이집트왕국의 수도답게 도로는 잘 정돈되어 있었고, 왕궁으로 보이는 커다란 건물이 멀리서 보였다.

- 저기 보이는 건물들은 관청이나 주택이 아닌 창고처럼 보이는데요.

- 맞아, 당시 멤피스는 수도이면서 동시에 창고 도시였어. 백성들에게서 거둬들인 세금을 보관하고, 적절히 사용하기 위하여 창고의 기능이 매우 중요했지.

- 당시 이집트인은 무엇을 먹고 살았나요?

- 주식은 보리였는데, 돌로 빻아서 가루로 만들고 물로 반죽해서 구워 먹었다고 하더군. 일종의 보리빵이라고 할 수 있지. 이 시대에 맥주도 출현했는데, 보리빵을 뜨겁게 끓여서 3~4일 놔두면 발효되어 맥주가 되었다고 하더군.

재미있는 것은 이집트 사람들은 곡물가루를 반죽할 때 손으로 하지 않고 발로 했다는 것이다. 반면에 인분 비료를 모을 때는 반드시 손으로 했다고 한다.*

- 💬 미국인이나 한국인 남자들이 대부분 받는 수술로 말하기가 조금 쑥스러운 것이 있는데.

- 💬 혹시 포경 수술을 말하는 것인가요?

- 💬 맞아, 그것이 어디에서 유래되었는지 알아?

- 💬 유대인들 풍속이라고 하던데요.

- 💬 사실은 그것이 고대 이집트에서 유래되어 유대인에게 전파된 것이라고 하더라고.

- 💬 앞에서는 이집트인의 불결함을 지적한 듯한데, 포경 수술의 경우에는 이집트인의 위생관념을 보여주는 것 같아요.

우리는 멤피스 시가지를 벗어나서 북쪽으로 가고 있었다. 멤피스에서 가까운 거리에 있지만, 황폐하고 인적이 드문 사카라에 도착해보니 왕족과 귀족들의 무덤인 마스타바 분묘가 있었다.

'마스타바'는 아랍어로 긴 의자를 의미하는데, 벽돌과 돌로 만들어진 길쭉한 직사각형의 분묘이다. 내부는 경사가 있는 단의 모양이며, 지하 묘실과 그것을 연결하는 수직통로, 제사실 등이 있다.

---

* 헤로도토스, 헤로도토스의 역사, 동서문화사

└ 마스타바 분묘

💬 고대 이집트인들은 왜 시체를 미라로 만들었을까요?

💬 고대 이집트인에게 죽음은 내세에서 두 번째 삶의 시작을 의미했어. 그러려면 시신이 부패되지 않은 상태로 남아야겠지. 그래 봤자 마른 명태 꼴이겠지만.

헤로도토스는 《역사》에서 미라를 만드는 과정을 꼼꼼히 설명했다.

"먼저 굽은 연장으로 콧구멍에서 뇌수를 꺼내는데, 이때 약품도 주입한다. 그러고 나서 예리한 에티오피아 돌로 옆구리를 따라 절개하여 장부(臟腑)를 모두 꺼내고, 꺼낸 장부(臟腑)는 야자유로 깨끗이 씻은 뒤 다시 으깬 향료로 깨끗이 한다. 이어 맷돌에 간 순수한 몰약과 육계 그리고 유향 이외의 향료를 복강에 쟁이고 봉합한다. 그러고 나서

└ 사카라의 계단식 피라미드

이것을 천연 소다에 담가서 70일간 놓아둔다. 70일이 지나면 유체를 씻어 고급 아마포를 잘라서 만든 붕대로 전신을 감고 그 위에 이집트인이 보통 아교 대신에 사용하는 고무를 바른다."*

이것은 고급의 미라 제작이었고, 큰 비용을 들일 수 없는 사람들을 위한 중급과 하급의 미라 제작도 있었다. 마스타바 분묘를 지나서 작열하는 햇빛 속을 걸으며 가늘게 뜨고 있던 우리의 눈을 번쩍 뜨게 한 것은 정면에 보이는 거대한 계단식 피라미드였다.

💬 저 건축물은 대체 무엇인가요?

---

* 헤로도토스, 헤로도토스의 역사, 동서문화사

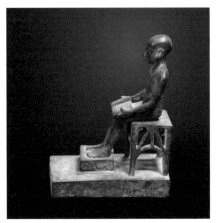

└ 임호테프 상

💬 계단 피라미드라고 하는 것으로, 제 3왕조의 2대 왕인 조세르의 건
축가 겸 재상이었던 임호테프가 왕의 무덤을 석재 피라미드 형태로
건축했어.

6단 계단형태로 총 높이가 62미터인 이 석재 피라미드는 직
사각형 형태의 대지에 북동쪽을 향해 서 있다. 궁전의 벽을 모
방한 듯 한 담장으로 둘러싸인 피라미드와 부속 건물들은 바
깥 세계와 완전히 격리된 다른 세상을 보여주고 있다. 이 복합
단지의 출입구는 여러 기둥이 떠받치고 있는 긴 주랑의 모습인
데, 신비로운 분위기를 자아내서 다른 세상으로의 입장을 성스

럽게 표현한 듯하다.*

- 이 피라미드 복합단지가 상당히 복잡한 것 같아요.

- 전체적으로 보면, 피라미드 본체, 장례사원, 왕의 조상을 안치하는 세르담, 북쪽 신전, 남쪽 신전 등으로 구성되어 있어. 계단 피라미드를 어디선가 본 듯하지 않아?

- 글쎄요. 메소포타미아의 지구라트와 비슷한 것 같기도 해요.

- 맞아, 그 시대에 메소포타미아에서 많은 사람이 이집트로 이주한 바람에 메소포타미아의 문명이 이집트에 전해졌다는 학설이 있어.

- 그럼 임호테프도 메소포타미아 출신인가요?

- 여러 정황으로 볼 때 그럴 가능성이 큰 것 같아.

- 건축가 임호테프는 뛰어난 인물이었다는 이야기를 들었어요.

- 임호테프는 건축가이면서 신관, 천문학자, 의사, 재상 등을 겸했던 것으로 보아 다재다능한 사람이었던 것 같아. 그는 훗날에 신으로 숭배되었고 수많은 임호테프 상이 만들어졌어.

우리는 사카라를 떠나 북쪽의 기자로 향하고 있었다. 더위가 온몸에 스며들면서 갈증과 피로가 몰려올 즈음에 막막한 사막 지역의 끝자락에 하늘을 향하여 치솟아 있는 거대한 피라미드

---

* 조르조 페레로, 이집트-고대문명의 역사와 보물, 생각의 나무

세 개가 보였다. 그때 후배가 탄성을 올리며 외쳤다.

● 아, 저것들이 기자에 있는 그 유명한 세 개의 커다란 피라미드군요.

나도 감격에 겨워서 두서없이 마구 말을 뱉었다.

● 그렇군, 정말로 대단해. 제4왕조 시대에 이르러서 고왕국이 번영하고 왕의 권력이 절대화되면서 출현한 가장 불가사의한 건축물이 바로 저것들이야.

　가장 오른편 끝에 있는 것이 쿠푸의 피라미드인데, 높이 146미터로 셋 중에서 가장 높다. 이 피라미드의 주인공인 쿠푸는 제4왕조의 두 번째 왕으로 이집트 고왕국 역사상 가장 뛰어난 왕 중의 한 명이다. 쿠푸의 아버지 스네푸르는 제4왕조의 첫 번째 왕으로 왕비인 헤테페레스 1세와의 사이에 아들 쿠푸와 딸 메리티에테스가 태어났는데, 이들 남매가 결혼하여 쿠푸가 왕위를 계승하였다.

> 아니, 친남매가 결혼했다는 말인가요?

> 고왕국 시대의 이집트에서는 모계사회의 전통이 남아있어서 왕위 계승권이 왕자가 아니라 첫 번째 공주에게 있었어. 그래서 왕위계 승권을 가진 공주의 남편이 차기 왕이 되는 것인데, 공주가 다른 집안의 남자와 결혼하면 왕가가 바뀌게 되잖아. 이런 일이 생기지 않으려면 공주가 동복 또는 이복형제나 아버지 형제와 결혼할 수밖에 없었겠지.

> 근친혼을 하면 기형아출산, 질병 및 단명이 빈번하다고 하던데요.

> 유전학적 지식이 전혀 없던 시절에 오직 권력만을 고려해서 발생한 사건이지. 왕가의 근친혼은 전근대 시대에 동서양 모두에서 흔한 일이었어.

우리는 천천히 쿠푸의 피라미드 앞으로 걸어갔다. 가까이서 보니 그 규모가 엄청났을 뿐만 아니라 4면의 각도가 정확히 일치하여 탄성이 절로 나왔다. 이렇게 거대한 건축물이 대부분 석재(석회암과 화강암)로 채워져 있다는 사실이 또한 놀라웠다.

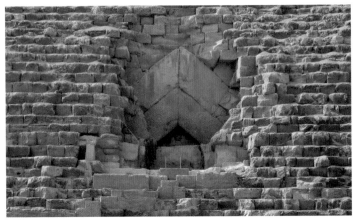

└ 피라미드 입구

💬 피라미드 공사에 끌려 나온 사람들은 노예들이었나요?

💬 고왕국 시대에는 아직 노예 제도가 없었다고 하더군. 피라미드 건설
을 위해서 농한기에 일거리가 없는 백성들을 작업시키고 옷과 식량
을 임금으로 준 것 같아.

나일 강 상류인 아스완의 채석장에는 피라미드 건설에 참여
했던 노동자들이 쓴 낙서가 많이 남아있는데, 국왕을 칭송하고
배불리 먹게 되어 기쁘다는 내용이 주를 이루고 있었다.*

💬 공사 기간은 어느 정도 걸렸나요?

---

* 요시무라 사쿠지, 이집트, 사해문집

└ 피라미드 하강 통로

💬 헤로도토스가 쓴 글에 의하면 20년 정도 걸렸다고 하더군.

우리는 피라미드 북쪽 면의 9미터 높이에 있는 입구를 통해 내부로 들어갔다. 내부에는 마치 미로 같이 좁고 긴 통로가 연결되어 있었다. 도굴꾼의 침입에 대비해서 내부 통로를 고의로 복잡하게 한 것이 아닌가 하는 생각이 들었다. 먼저 높이가 약 1.2미터 폭이 약 1미터인 하강 통로를 따라 30미터 정도 이동하면 상승 통로와의 분기점이 나오는데 여기서 상승 통로를 따라 올라가면 '대회랑'이라는 곳에 도달한다. 만약 분기점에서 계속 내려가는 코스를 택하면 지하 30미터에 있는 '지하방'에 도달한다고 한다.

우리는 상승 통로를 따라 이동해서 마침내 대회랑에 이르렀다. 이곳에서는 수평의 통로가 나오고 지나면서 '왕비의 방'과

ㄴ 왕비의 방   ㄴ 왕의 방

'왕의 방'이 나온다. '왕의 방'은 벽, 바닥, 천장이 모두 붉은 화강암으로 되어있으며, 길이가 10.5미터, 폭 5.2미터 그리고 높이는 5.8미터이다. 그리고 이곳에는 붉은 화강암으로 만들어진 소박한 석관이 놓여 있다. 하지만 이방에 부장품이 전혀 없었고 게다가 석관에는 미라가 없었기 때문에 이곳이 정말 쿠푸왕의 무덤이었는가 하는 의심이 들기도 했다. 하지만 많은 설왕설래에도 불구하고 피라미드가 왕의 무덤이라는 주장은 정설로 되어있다. 그것이 사실이라고 할지라도 피라미드가 단순한 무덤은 아니었고, 사후 세계를 준비하고 기획하는 공간이 아니었을까 하는 생각이 들었다. 그렇기에 왕들이 피라미드 건설에 그렇게 큰 노고와 비용을 들이지 않았을까?

💬 쿠푸의 피라미드와 관련해서 믿거나 말거나 한 이야기가 있는데.

제2장 나일(Nile) 강 문명

그게 무엇이죠?

헤로도토스에 의하면 피라미드 공사 중에 돈이 떨어진 쿠푸 왕이 자신의 딸을 사창가로 보내어 돈을 조달하라고 명령했다고 하더군.

그래서 공주가 정말로 사창가로 갔나요?

공주가 사창가에서 남자들을 받아서 아버지가 명한 액수의 돈을 조달했다고 하더군.

쿠푸의 피라미드 왼쪽에 있는 카프라의 피라미드는 높이가 143.5미터로 쿠푸의 피라미드와 비슷하면서도 조금 작다. 때로는 쳐다보는 각도에 따라서 쿠푸의 피라미드보다 높아 보이기도 한다. 카프라는 쿠푸가 왕비 이외의 여자에게서 낳은 아들로 이복 여조카와 결혼하여 제4왕조의 네 번째 왕이 되었다. 카프라의 피라미드 방향으로 놓인 둑길을 따라가면 계곡 신전이 나오고 신전 옆에는 천연의 석회암 산을 깎아 만든 사람의 머리와 사자의 몸을 가진 높이 20미터, 길이 57미터의 거대한 조형물이 서있다. 이른바 '기자의 스핑크스'이다.

스핑크스가 본시 무슨 뜻인가요?

사자의 몸에 사람의 머리를 가진 상상의 동물로서 이집트뿐만 아니라 메소포타미아, 그리스 전설에 나오는데, 인간의 지혜와 사자의 힘을 합친 존재로 흔히 숭배의 대상이었지.

└ 기자의 스핑크스

● 그런데 스핑크스를 여기에 세운 것이 피라미드 때문인가요?

● 여러 가지 정황으로 볼 때 기자에는 최초로 스핑크스가 세워졌고,
스핑크스의 위치를 고려하여 훗날에 3개의 피라미드를 배치한 것으
로 추정되고 있어.

● 그런데, 가장 작은 피라미드는 누구의 것인가요?

● 카프라의 아들로서 다음번 왕이 된 멘카우라의 피라미드이지.

● 그의 피라미드가 셋 중에서 특별히 작은 것은 어떤 사연이 있는 것
일까요?

● 그는 왕실의 재정적인 부담을 줄이려고 했던 것 같아. 현명한 사람
이었지.

기자 구경을 마친 우리는 다시 타임머신에 자리를 잡았다. 아직은 고대 이집트를 떠나고 싶지는 않았기에 고왕국에서 시대적으로 멀리 떨어진 신왕국의 이집트로 가고 싶었다.

2. 테베

(Thebae)

└ 룩소르 신전 입구

　우리가 날아간 곳은 'B.C. 12세기의 테베'였다. 멤피스에서 멀리 떨어진 나일 강 상류의 강변에 있는 이집트 신왕국의 수도 테베에서는 이 시기에 19왕조의 위대한 파라오 람세스 2세가 통치하고 있었다. 신왕국 시대에 들어서 파라오라고 불린 이집트의 왕은 절대 군주였으며 동시에 신이었다.

　테베의 한 언덕에 도착하여 도시의 전경을 보니 나일 강의 동안인 '살아있는 자의 도시'에서는 가장 먼저 룩소르 신전이 눈에 띄었다. 이 신전은 B.C. 1400년경에 제 18왕조의 아멘호테프 3세에 의해 건립되었고 제19왕조의 람세스 2세에 의해 증축되었다. 우리는 나일 강 둑길을 따라 걸으면서 아름다운 강변

└ 제2중정과 주랑

의 경치에 취해 한동안 낭만적인 감상에 젖어 있었다. 그때 우리의 눈앞에 돌연히 나타난 것은 오벨리스크와 람세스 2세의 상이 정면 중앙에 있는 신전의 입구였다.

입구를 지나 제1중정으로 들어서니 주랑 입구 근처에 왕좌에 앉은 람세스 2세의 거대한 상이 보였다.

신왕국에서 가장 유명한 파라오였던 람세스 2세의 치세는 고대 이집트의 역사에서 최고의 번영기였다. 게다가 그는 B.C. 1270년에 즉위하여 무려 67년간이나 통치한 장수 파라오로도 유명하다. 무엇보다도 전쟁 영웅이었던 그는 현재의 팔레스타인을 거쳐서 유프라테스 강 유역까지 정복하였는데, 전투 시에는 군대의 맨 앞에서 전차를 타고 긴 칼을 휘두르며 적군을 쓰러트렸다고 한다. 그밖에도 그는 수많은 신전을 건축한 건축광이었으며, 엄청난 호색가로서 500명이 넘는 처첩을 거느렸다.

└ 아부 심벨 대신전

💬 영웅호색이란 말은 맞는 것 같아요.

💬 영웅들은 욕망과 열정이 강하기 때문에 호색한이 되는 경우가 많은 것 같아. 물론 평범한 능력의 사람이 호색한다고 영웅이 되는 것은 절대로 아니지.

자기애가 강한 람세스 2세는 신전의 벽과 주랑 등에 자신이 승전하는 장면을 묘사한 그림을 새겨 놓는 것과 신전의 입구를 자신의 거상으로 장식하는 것을 몹시도 좋아하였다. 그래서 마침내 테베의 남쪽에 아부 심벨 대신전을 건설하고 입구를 자신의 거상으로 그리고 내부의 벽에는 자신이 전투하는 장면을 묘사한 그림으로 치장하였다.*

---

* 조르조 페레로, 이집트-고대문명의 역사와 보물, 생각의 나무

노년의 람세스 2세는 정치는 자식에게 맡기고 왕궁에서 유유자적한 생활을 하면서 90세가 넘도록 장수했다고 전해지고 있다. 우리는 나일 강을 끼고 동쪽 기슭에 있는 이른바 '살아있는 자의 도시'로 걸어 들어갔다. 걸으면서 주변을 살펴보니 왕궁뿐만 아니라 대저택도 많이 보였다. 이걸로 봐서 왕가의 일족뿐만 아니라 귀족들도 많이 거주하고 있는 듯하였다. 게다가 거리에 상가와 공방도 많이 들어선 것으로 보아 상공업자도 많은 것 같고, 심심치 않게 외국인도 눈에 띄었다.

💬 그런데 거리에서 장사하는 사람 중에 남자가 보이지를 않네요?

💬 고대 이집트에서 거리의 장사는 반드시 여자가 하게 되어있었어.

💬 그럼 남자는 무엇을 하나요?

💬 남자는 생산하는 일만 했지.

신왕국 시대에 들어서 이집트인의 식생활은 풍요로워 졌다. 밀, 보리, 양상추, 양파, 부추, 마늘 등이 식재료로 사용되었으며, 효모를 넣어 부풀린 빵을 먹게 되었다. 게다가 통밀 피타빵이라는 것이 출현하였는데, 이 음식은 빵의 가운데를 갈라서 다른 재료를 넣어서 먹을 수 있는 길고 둥글넓적한 빵으로 그 속에다가 익힌 누에콩을 향신료와 곁들인 속을 넣어서 길거리

에서 팔렸다.[*]

> 💬 이집트인이 고왕국 시대부터 맥주를 마셨다고 했는데, 그럼 포도주도 있었나요?

> 💬 무덤에서 발견된 그림이나 조각 그리고 유물을 보면 포도주가 있었다는 것은 확실해. 단지 언제부터 이집트인이 포도주를 마셨는지는 명확하지 않는데, 늦어도 신왕국 시대에 있었던 것은 확실해.

신왕국 시대에는 포도주 저장 통에 왕의 집권 연도, 지역, 포도주의 이름, 품질, 심지어는 포도주를 만든 사람이나 포도밭 주인의 이름까지 기록되었다. 헤로도토스에 의하면 이집트에서는 돼지를 부정한 짐승으로 여겨서 돼지를 신의 제물로 바치는 것을 금지하고 있을 뿐만 아니라 돼지를 키우는 사람은 신전에 들어갈 수 없었다. 게다가 이집트인은 지나가다가 돼지에 닿는 일이 있으면 옷을 입은 채 강으로 뛰어들어 몸을 씻기도 하였다고 한다.

> 💬 그럼 이집트인은 돼지고기를 안 먹었나요?

> 💬 평소에는 먹지 않고, 제사를 지내는 매달 보름날에만 먹었다고 하더군. 헤로도토스에 의하면 이집트의 부유층 사람들은 희한한 연회를 열었다고 하더군.

[*] 질리언 라일리, 미식의 역사, 푸른 지식

💬 어떻게 희한한데요?

💬 주연이 시작될 즈음에 한 사람이 사람시체 모양으로 깎은 나무를 들고 연회장을 돌아다닌다는 것이야.

💬 아니, 연회 분위기를 망치려는 것인가요?

💬 그게 아니고, 당신들도 죽으면 이렇게 되니 살아있을 때 실컷 즐기라는 뜻이라고 하더군.

💬 하하, 듣고 보니 말이 되네요. 죽음 이야기가 나왔으니 하는 말인데요. 아까 '살아있는 자의 도시'라는 말을 들었는데, 그러면 죽은 자의 도시도 있다는 것인가요?

💬 당연하지. 테베의 강 건너편인 나일 강 서편이 바로 죽은 자의 도시이지. 왕족과 귀족들의 무덤이 몰려있는 곳이니까. 그럼, 우리 이제 죽은 자의 도시로 가볼까?

💬 왠지 기분이 찜찜하네요.

💬 뭘 그래. 누구나 태어나면 한번은 가는 곳인데. 사실은 그곳이 장관이라고 하더라고.

💬 왕의 묘가 그곳에 있다는 것은 피라미드가 있다는 것인가요?

💬 하하, 유감스럽게도 피라미드는 아니야. 사실은 우리가 와있는 신왕국 시대에는 피라미드 건설이 전혀 이루어지지 않았고 분묘가 만들어졌어.

💬 어떤 식의 분묘를 말하는 것인가요?

● 석회암 절벽에 동굴을 파고 그 속에 미라와 부장품을 매장하는 것인
　데, 가서 직접 보자고.

　우리는 나일 강을 건너서 서편에 도착하여 천천히 걸으면서
주변을 구경했다. 강을 건넜을 뿐인데 이곳의 자연경관은 '살아
있는 자'의 테베와는 매우 달랐다. 땅은 메마르고 거칠었으며
지형은 험준했다.
　'왕들의 계곡'은 신왕국 파라오들의 무덤이 몰려있는 곳이다.
이곳에 있는 파라오의 무덤 중에서 가장 큰 것은 세티 1세의 것
으로 총 길이가 약 150미터라고 한다.

● 이곳에 무덤을 건설하고 도굴꾼들로부터 보호하기 위하여 많은 수
　고가 들어갔을 것 같아요.

🗨 그렇지. 그것을 수행하기 위해서 당시 이 지역에는 '서부의 지사'라는 직함을 가진 관리가 상주하고 있었어. 묘지를 지키는 용병들은 이곳에 병영을 그리고 건설 노동자와 장인들은 오두막을 짓고 살았다고 하더군.

🗨 이곳에 최초로 무덤을 만든 파라오는 누구인가요?

🗨 신왕국 제18왕조의 파라오였던 투트모세 1세로 람세스 2세보다 약 250년 전의 사람이었어.

🗨 그가 이곳에 자신의 무덤을 건설한 이유는 무엇인가요?

🗨 그는 자신의 선조들이 도굴꾼들 때문에 얻지 못했던 영원한 안식을 얻고 싶었다고 하더군. 영리한 사람이었지.

🗨 그럼 무덤을 공사한 사람들의 입을 어떻게 닫게 했나요?

🗨 공사장에 노예를 투입하고는, 공사가 끝난 후에 모두 죽였다고 추측할 수 있겠지.

🗨 그래서 결국 그는 영원한 평화를 얻었요?

🗨 글쎄, 세상에는 영원한 비밀도 없고 평화도 없는 법이지. 도굴꾼들이 하도 극성을 부리자 성직자들이 투트모세의 미라를 이곳저곳으로 옮겼고, 그래서 투트모세는 죽어서도 편하기 힘들지 않았을까.

먼 훗날에 유럽의 한 고고학자는 이곳을 둘러보고는 이런 글을 남겼다.

└ 투탕카멘의 얼굴상

"왕들의 계곡은 황량하다. 이집트인들은 그곳에 유령들이 산다고 믿었을 것이다. 동굴처럼 되어있는 방들은 약탈당해 비어있고 그 입구들은 횅하니 열려 있어 여우와 사막의 부엉이들과 박쥐들의 서식처가 되어 있었다."*

우리는 이곳에 있는 파라오의 무덤 중에서 예술성과 호화로움으로 최고의 평가를 받는 '투탕카멘의 무덤'을 보기 위해 서서히 발걸음을 떼었다.

투탕카멘(B.C.1341~1323)은 이집트 제18왕조의 파라오였다. 파라오 아크나톤의 아들로 누나인 안케센파아텐과 결혼하여 10살에 파라오가 되었는데, 왕위계승권자인 공주와 결혼하여 파라오가 되는 고대 이집트의 전통에 따른 것이었다. 18세의

---

* C.W. 세람, 낭만적인 고고학 산책, 대원사

어린 나이에 사망했기에 흔히 '소년 왕'이라고 불렀다.

💬 어린 나이인데 병으로 죽었나요?

💬 말라리아에 걸려 사망한 것으로 추정되고 있지만, X선 조사에 의하면 두개골을 얻어맞은 것 같은 흔적이 있어서 암살되었을 가능성도 배제될 수 없어.

우리는 어떤 자그마한 계곡에 도달했고 거기서 지하로 들어가는 16개의 계단을 내려가니 입구로 보이는 문이 나타났다. 문을 열고 안으로 들어가니 약 10미터 길이의 수평 통로가 있었고 그 끝에는 또 다른 문이 가로막고 있었다. 그 문을 다시 열고 안으로 들어가면 폭이 약 8미터, 길이 약 3.5미터의 직사각형 형태의 전실이 나오고 여기에 금빛의 긴 의자와 옥좌가 놓여 있다.

벽에는 양각의 조각상 두 개가 수문장들처럼 서로 마주 보고 서 있는데 황금 치마를 두르고 황금 샌들을 신었으며 철퇴와 지휘봉으로 무장하고 이마에는 수호신의 징표인 코브라를 새기고 있었다. 이 방에는 온갖 종류의 금붙이들이 산더미처럼 쌓여있었는데, 예술적인 가치가 대단한 것들이었다.

전실의 오른편 벽에는 문이 있고 그 안에는 관을 안치하는 현실이 있었다. 현실의 지면은 전실보다 1미터 정도 낮게 되어 있었는데, 바닥에는 거대한 관 안치대가 놓여 있었다. 완전히 금으로 입혀진 관 안치대의 크기는 길이 5미터, 넓이 3.3미터

└ 투탕카멘의 옥좌

높이 2.7미터였다. 그리고 그 안치대 속에는 두 번째, 세 번째 안치대가 들어 있었고, 세 번째 안치대를 열면 마침내 관이 나온다. 관은 질이 매끄러운 노란 석영의 거대한 암석으로 만들어진 것으로 뚜껑은 붉은 화강암으로 되어있었다. 다시 관뚜껑을 열면 아마포로 둘둘 감긴 큼직한 것이 나오는데, 아마포를 들추면 소년왕의 황금판 초상이 드러난다. 바로 '투탕카멘의 황금 마스크'라고 불리는 것이다.

얼굴은 순금이며 눈은 아라고나이트와 흑요석으로, 속눈썹과 눈썹은 라피스라줄리로 만들어져 있다. 이 빛나는 얼굴은 딱딱하고 가면 같은 표정을 짓고 있지만, 예술적으로 뛰어난 작품으로 산 사람의 얼굴을 보는듯하였다.* 그리고 마침내 황

---

* C.W. 세람, 낭만적인 고고학 산책, 대원사

└ 투탕카멘의 황금 마스크

금 마스크 속에서 투탕카멘의 미라가 모습을 드러냈다.

- 투탕카멘의 묘에 눈물겨운 물건이 하나 있었어.

- 그게 무엇인가요?

- 투탕카멘의 관 옆에 놓여 있던 작은 꽃다발이었는데, 아마도 왕비가
  죽은 남편에게 마지막 선물을 준 것 같아.

우리는 '왕들의 계곡'을 떠나 나일 강 서안 방향으로 걷고 있었다. 강 건너편에 있는 테베가 어렴풋이 보일 듯한 지점에 이르니 나일 강가에는 푸른 녹지대가 있고 뒤편으로는 험준한 바위산이 있는데, 바위산 앞쪽은 바닷가의 만처럼 움푹 들어간 형태였다. 바로 이곳에 거친 바위 표면이 그대로 드러난 절벽을 배경으로 거대한 건물들이 들어서 있었다. 이곳의 광경은

제2장 나일(Nile) 강 문명

마치 외부세계와 단절된 신의 세계를 보여주는 듯하였는데, 그 유명한 하트셉투스 장례사원이 바로 여기서 우리의 눈앞에 출현하였다.

이 사원을 지은 하트셉투스(재위 B.C. 1479~1458)는 신왕국 18왕조의 여성 파라오로 투탕카멘보다는 약 170년 이전에 태어난 사람이었다.

그녀는 18왕조의 파라오 투트모세 1세의 장녀로 태어나 왕위계승권을 가졌고, 이복 남동생인 투트모세 2세와 결혼하여 그를 파라오로 만들어주었다. 그러나 무능하고 병약했던 투트모세 2세를 사실상 뒤에서 조종한 사람은 왕비인 하트셉투스였다고 전해진다. 그만큼 그녀는 유능하고 용감한 여성이었다.

병약한 투트모세 2세가 재위 14년 만에 죽고 그가 다른 여자에게서 낳은 아들인 투트모세 3세가 하트셉투스의 딸인 이복

└ 하트셉투스 사원 벽화

누나와 결혼하여 파라오가 되었다. 투트모세 3세는 파라오 취임 시에 불과 여섯 살이었기에 그의 장모이자 전 왕비인 하트셉투스가 섭정을 하게 되었다. 그러다가 마침내 그녀는 스스로가 파라오임을 선언하고 보위에 올랐다.

우리는 이 사원의 내부로 들어가기 위하여 마당에 놓여 있는 계단을 오르기 시작하였고, 장례사원의 제1테라스에서 제2테라스로 오르는 계단의 우측 벽에 있는 벽화를 발견하였다.

🗨 저 벽화에 담긴 의미는 무엇인가요?

🗨 하트셉투스의 가족을 묘사한 것으로 투트모세 1세의 장녀로 태어나서 파라오가 된 자신의 정통성을 보여주려고 했던 것 같아.

🗨 그러면 그녀가 바로 이 사원을 지은 목적은 무엇인가요?

🗨 그녀는 자신의 내세와 그녀의 아버지인 투트모세 1세를 기념하기

위하여 이 사원을 지었다고 했더군. 그러나 실제로 이 사원은 죽은 파라오의 장례의식이 실행되는 장소였기에 '장례사원'이라고 불리는 것이지. 장례의식이 끝난 파라오의 무덤은 바위산 뒤쪽에 있는 왕들의 계곡에 건설된 것이고.

💬 파라오로서 그녀의 치적은 어땠나요?

💬 그녀는 뛰어난 통치능력을 보여서 이집트를 평화롭고 경제적으로 번영하는 사회로 만들었어. 물론 형식적으로는 투트모세 3세와 공동 파라오이기는 했지만.

💬 그녀의 말년은 어떻게 됐나요?

💬 투트모세 3세가 29살 되던 해에 그녀를 내쫓고 단독 파라오가 되었다는 기록이 있지만, 그녀의 최후에 대해서는 알려진 것이 없어. 어쨌든 투트모세 3세는 이집트의 영토를 역사상 최대로 넓힌 최고의 정복 군주가 되었어.

　　우리의 나일 강 문명 기행은 신왕국 시대의 테베를 마지막으로 이집트인이 통치했던 고대 이집트를 떠났다. 그렇다고 이집트를 완전히 떠나는 것은 아니고 외국인이 통치했던 다른 시대의 이집트로 가려는 것이었다.

　　타임머신에 승선한 우리는 나일 강과 지중해가 만나는 곳에 있는 아름다운 항구도시 알렉산드리아로 떠났다. 때는 B.C. 1세기 중반으로 미인의 대명사인 여왕 클레오파트라가 통치하던 시절이었다.

3. 알렉산드리아

(Alexandria)

└ 프톨레마이오스

🗨 알렉산드리아가 언제 건설된 것이죠?

🗨 그리스 연합군을 이끌고 동방원정을 떠났던 마케도니아의 알렉산더 대왕이 페르시아와의 전쟁에서 승리한 후에 이집트를 페르시아로부터 해방시키고, 스스로가 이집트의 통치자가 되어 자신의 이름을 딴 도시를 새로 건설하기 시작했는데, 그때가 B.C. 332년으로 추정되고 있어.

알렉산더는 페르시아를 멸망시키고 인도의 서북부까지 정복했지만, B.C. 326년에 바빌론에서 32세의 젊은 나이로 사망하였다. 그 후로 그의 부하 장군들이 정복한 영토를 나누어 가졌는데, 마케도니아 출신의 프톨레마이오스라는 장군이 이집트를

└ 고대 알렉산드리아 지도

차지하고는 알렉산드리아를 수도로 하여 프톨레마이오스 왕조라는 새로운 왕조를 창업했다. 그리고 이 왕조의 마지막 왕이 바로 그 유명한 여왕 클레오파트라인 것이다.

프톨레마이오스 왕조 시절에 알렉산드리아는 지중해 지역에서 헬레니즘 문명을 대표하는 도시였고, 경제적 문화적 중심지로 번영했다.

타임머신 밖으로 나온 우리는 언덕 위에서 알렉산드리아를 조망하였다. 지중해와 마리우트 호수를 남북으로 길게 면하면서 나일 강의 서쪽으로 삐죽 나온 땅은 천혜의 항구가 될 수밖에 없는 운명이었다. 나일 강에 실려 온 퇴적물을 지중해의 해류

제2장 나일(Nile) 강 문명

└ 파로스 등대

가 동쪽으로 밀어 보내면서 퇴적물이 시계 반대 방향으로 운반
되어 직선으로 뻗은 모래 해안선을 만든 것이었다. 북쪽에 있는
파로스 섬과 도시 중심지 사이를 연결하는 방파제는 그 동쪽에
있는 로키아스 곶과 함께 연안의 항만을 형성하고 있었다.

💬 이 도시가 번영한 이유가 무엇인가요?

💬 기본적으로는 지리적인 장점 때문이었어. 남북으로는 바다에 접해
있고, 나일 강에서 들어오는 여러 개의 수로를 통해서 물자 교류가
활발했지. 특히 연안의 항만을 통해서 알렉산드리아는 이탈리아와
무역을 활발히 하면서 경제적으로 번영할 수 있었다고 하더군.

도시 안으로 들어가 보니 기병이나 마차들이 이용할 수 있도
록 넓은 도로가 사방으로 연결되어 있었다. 도시의 중심부에는
아름다운 공원과 크고 화려한 건물들이 널려 있었는데, 주로

└ 여왕 클레오파트라 상

공공건물들과 종교와 관련된 건물들로 보였다.

우리는 알렉산드리아의 명물인 파로스 등대를 보기 위해 파로스 섬으로 향했다. 도시 중심부에서 섬까지 연결하는 긴 방파제 위에 놓인 길 위를 걷자니 바닷바람이 불어와서 더위를 날려주고 있었다. 오른쪽에 있는 항만에는 수많은 배가 정박하고 있었다. 제법 먼 길을 걸어서 도착한 파로스 섬의 동쪽 끝에 있는 등대는 정말로 대단한 건축물이었다.

알렉산드리아 항구의 북쪽 끝부분에서 지중해를 통해 항구로 들어오는 배를 안내하는 이 등대는 기원전 3세기 프톨레마이오스 2세 시대에 세워졌는데, 높이 100미터로 당대에는 세계에서 가장 높은 등대였다. 로키아스 곶의 안쪽으로 들어오니 궁전과 인공 항구 등이 나왔다. 바로 이곳에서 프톨레마이오스 왕가가 거주하면서 이집트를 통치했다.

제2장 나일(Nile) 강 문명

└ 알렉산드리아 도서관 상상도

💬 여왕 클레오파트라는 정말로 대단한 미인이었나요?

💬 그녀는 대단한 미녀는 아니었지만, 지성과 교양 그리고 정치적인 지략이 뛰어난 여성으로 매력 만점이었다고 하더군.

그녀는 프톨레마이오스 12세의 장녀로 태어나 부친의 유언에 따라서 남동생인 프톨레마이오스 13세와 결혼하여 공동 왕이 되었다. 하지만 얼마 가지 않아서 남동생과의 권력투쟁에서 패하여 권좌에서 밀려났다. 하지만 그녀는 로마의 영웅 시저의 연인이 되어 그의 도움으로 남동생을 몰아내고 끝내 이집트의 단독 왕이 되었다. 시저는 클레오파트라와 깊이 사랑에 빠져서 알렉산드리아에서 7개월 동안 뱃놀이를 하면서 낭만적인 연애를 하고 둘 사이에 아이를 가진 것으로 알려져 있다. 시저의 사후에 그녀는 시저의 부하였던 안토니우스와 결혼하여 그와 연

└ 에라토스테네스

합군을 결성하고 옥타비아누스의 군대에 맞서 그리스의 악티움에서 해전을 벌였지만 패전하였다. 결국에 그녀는 자살로 생을 마쳤고, 이집트는 로마제국의 속주가 되었다.

팔로스 섬과 이어지는 북쪽 방파제 가까운 시가지에는 고대 세계에서 가장 큰 도서관이 있었다. 이 도서관은 프톨레마이오스 1세 치세였던 B.C. 3세기 초에 건립되어 B.C. 1세기 중반까지 지중해 지역에서 학문과 지성의 중심지 역할을 했다.

이곳에는 파피루스 두루마리 형태의 책과 문서가 1백만 권 이상 소장되어있다고 한다. 게다가 이 도서관에서는 당시의 헬레니즘 세계 각지에서 우수한 학자들이 모여서 학문을 연구했는데, 대표적으로 학자로는 기하학자 유클리드, 물리학자 아르

키메데스, 천문학자 에라토스테네스 등이 있었다.* 그들 중에서 지구반지름 측정으로 유명한 에라토스테네스(B.C. 274~196)는 이 도서관의 관장까지 맡았다고 한다.

알렉산드리아 구경을 마친 우리는 타임머신으로 돌아왔다. 잠시 숨을 돌리고 커피를 한 잔 마시며 여유로운 시간을 즐겼다.

🗨 이제 우리는 이집트를 떠나는 것인가요?

🗨 이집트를 떠나기가 아쉬운 것 같은데?

🗨 꼭 그런 것은 아닌지만 기억에 오래 남을 것 같아요.

🗨 그러면 이집트의 다른 곳을 잠시 들러 볼까?

🗨 어디를 말하는 것이죠?

🗨 15세기 초의 카이로, 이슬람의 도시로 가자고.

사실 고대에 카이로는 나일 강 삼각주의 남쪽 끝에 있는 습지의 작은 촌락에 불과하였다. 단지 이곳에서는 나일 강 건너편인 기자에 있는 대피라미드들만이 멀리서 보였을 뿐이다. 이 지역은 아라비아반도에서 출현한 이슬람교도들의 이집트 정복과 함께 최초로 역사에 기록되었다.

---

* 장 카르팡티에, 지중해의 역사, 한길사

4. 카이로

(Cairo)

└ 이집트 최초의 모스크

641년에 이집트를 정복한 이슬람교도들이 카이로 인근에 군
대의 주둔지 성격을 가진 '푸스타트'라는 도시를 건설했고, 이
와 함께 642~643년에는 이슬람교도를 위한 이집트 최초의 모
스크가 푸스타트에 건축되었다.

다시 먼 훗날인 969년에 북아프리카 튀니지에 본거지를 두
고 있던 시아파 이슬람 왕조인 파티마 왕조가 이집트를 정복하
고 푸스타트 인근 동북쪽에 새로운 수도를 건설한 것이 바로
카이로가 되었다.

└ 밥주와일라 성문

💬 파티마 왕조가 어떻게 탄생했나요?

💬 파티마는 예언자 마호메트의 딸인데, 그녀의 후손이라고 주장한 튀니지의 통치자 우바이드 알라가 909년에 시아파 정권을 자처하며 스스로 칼리프임을 선포했어.

💬 그런데 시아파는 어떤 종파인가요?

💬 예언자 마호메트의 혈통만이 후계자(칼리프)가 될 수 있고, 코란을 문자 그대로 해석해야 한다고 주장하는 이슬람교의 한 종파를 시아파라고 하지.

💬 당시에 파티마 왕조의 영토는 어디였나요?

💬 전성기의 파티마 왕조는 북아프리카 서쪽의 모로코에서부터 동쪽으로는 이집트를 거쳐서 남부 시리아까지 방대한 지역을 통치했고, 그 덕분에 수도인 카이로도 대단히 번영했어.

└ 알아즈하르 모스크

이제 우리는 타임머신 밖으로 나와서 파티마 왕조 시대의 카이로를 구경하기로 했다. 나일 강의 풍요를 기반으로 번영한 파티마 왕조는 카이로의 일부 지역에 왕궁과 모스크를 건설하면서 그 지역에 '승리의 도시'라는 의미로 '알카히라'라는 이름을 붙여주었고 성벽으로 둘러쌌다.

우리는 알카히라를 향하여 걷다가 관문인 밥주와일라 성문을 지났다. 성안에 들어서니 왕조의 신수도로 새로 건설된 도시답게 전체적으로 잘 정돈되었다는 것을 알 수 있었다. 돌로 잘 포장된 도로는 직선으로 뻗어있었고, 거리의 건물은 수려했다. 우리는 멀리서 사원처럼 보이는 훌륭한 건물을 향하여 계속 걸었고, 마침내 그 사원 앞에서 발길을 멈추었다. 아랍어로 '가장 빛나는 사원'이라는 의미인 알아즈하르 모스크는 파티마 왕조의 칼리프인 무이즈가 건설을 지시해서 972년에 준공되었다.

└ 카이로 성벽

● 참으로 아름답다고 해야 할지, 우아하다고 해야 할지 모를 건물이네요.

● 외형만 뛰어난 것이 아니고, 이 사원에는 989년에 35명의 율법학자
  가 고용되어 이후로 이슬람 세계에서 시아파 신학과 샤리아(이슬람
  교의 율법) 연구의 중심 기관이 되었어.

　알카히라를 떠난 우리는 카이로의 동편에 거대한 건축물들이
늘어서 있는 광경을 어렴풋이 보고는 그쪽으로 향하였다. 한참
을 걷고 난 후에 우리는 그 거대한 건축물이 카이로의 동쪽 시가
지를 둘러싼 거대한 성벽이라는 것을 알게 되었다. 카이로 성벽
이라고 불리는 이 건축물은 1171년에 파티마 왕조를 대신하여
아이유브 왕조를 세운 쿠르드인 살라딘이 건설한 것이라고 한
다. 언덕 위에 세워진 이 성벽에는 8개의 성문이 있었다.
　살라딘이 새로운 왕조를 세운 사건은 반란은 아니었다. 이전

의 파티마 왕조 시절에 살라딘은 재상으로 사실상 최고 실권자
였는데, 파티마 왕조의 마지막 칼리프가 병사하자 새로운 칼리
프를 세우지 않고 스스로가 왕이 된 것이었다. 유능했던 살라
딘은 1187년에 십자군이 차지하고 있었던 예루살렘을 재탈환
하여 이슬람 세계의 영웅으로 명성을 날렸다. 이와 함께 살라
딘은 이슬람 세계의 지도자가 되었으며 동시에 이집트에서 파
티마 왕조가 창조한 시아파의 영향력을 제거하였다.* 살라딘
시대에 카이로는 이슬람 세계에서 가장 중요한 도시가 되었다.

　우리는 파티마 왕조 시절이었던 10세기에 건설되어 맘루크
왕조 시대인 14세기에 최고의 전성기를 누렸던 '이슬람의 카이
로 거리'를 걷고 있었다. 주로 석재로 지어진 건물들과 돌로 포

---

*　Wikipedia, Kairo

장된 도로로 이루어진 이 거리의 풍경은 아름답고 고즈넉했다. 건물들은 흔히 이슬람 양식과 고대 이집트의 양식을 섞은 모습이었다.

- 🔵 이 건물들을 짓기 위해 사용된 석재는 어디서 왔을까요?

- 🔵 나일 강 건너편에 있는 기자의 대피라미드들에서 떼어 온 것으로 추정되고 있어. 대피라미드의 표면을 장식한 석회석들이 대부분 떨어져 나가서 사라졌고, 이 거리에 있는 건물들이 주로 석회석으로 지어졌거든.

투르크족 용병인 맘루크는 1250년부터 아이유브 왕조를 대신하여 이집트를 통치하면서 이른바 맘루크 왕조 시대를 열었다. 이 시대에 이집트는 홍해를 통해 들어온 동양의 상품을 카이로, 알렉산드리아, 베이루트를 거쳐서 유럽으로 유통시키면서 경제적으로 번영기를 맞이하였다. 당시에 카이로는 이슬람 세계에서 경제적 문화적인 중심지였다.

나일 강 문명 기행을 끝내고 우리는 '이슬람의 카이로 거리'에 있는 조용한 찻집에 앉아서 인도양과 홍해를 거쳐서 들어온 중국산 차를 마시며 한가로운 시간을 보내고 있었다.

🗨 메소포타미아와 나일 강 문명을 둘러본 소감이 어떤가?

🗨 조금 피곤했지만, 참으로 놀라운 체험이었어요. 이렇게 메마른 지역에서 그렇게 찬란한 문명이 출현한 것은 강물의 놀라운 효력이었다는 생각이 들었어요.

🗨 물은 생명과 문명의 근원이라고 말해도 될까?

🗨 하하, 거참 멋있는 표현이군요. 이제 우리는 어디로 떠나는 것이죠?

🗨 이곳에서 동쪽으로 멀리 떨어진 곳인 동양문명의 탄생지로 갈까 하는데, 역시나 거대한 강이 흐르는 곳이지.

🗨 중국의 황하 유역을 말하는 것 같네요.

🗨 자 그럼 떠나자고.

우리들의 타임머신은 동양문명의 뿌리를 보기 위해 고대 중국의 황하 유역으로 날아갔다.

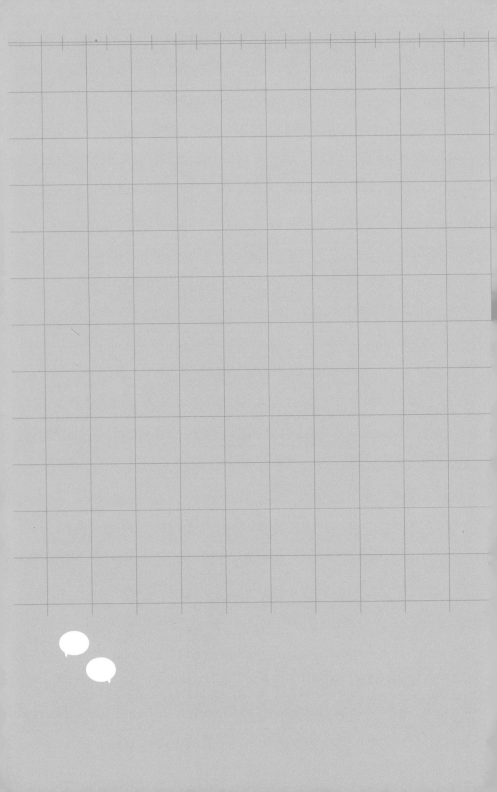

제3장

황하(黃河, 황허강) 문명

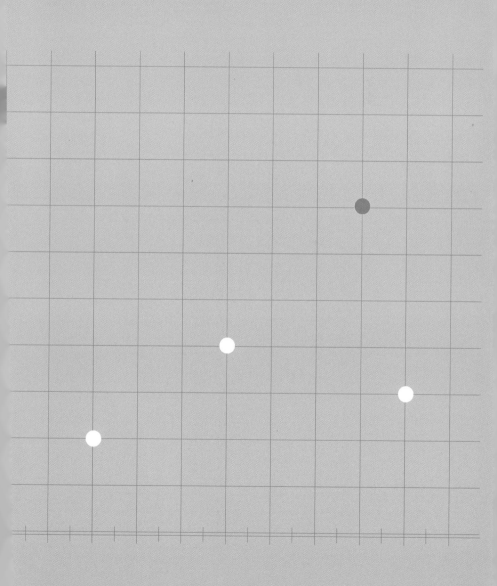

└ 황하

전설과 역사가 뒤엉켜 있는 황하 문명의 기원은 정확히 알 수는 없지만 적어도 지금으로부터 4천여 년 전이었던 것은 사실이다.

💬 중국 문명이 황하 유역에서 발생했다는 사실이 황하 유역이 살기 좋은 자연환경을 가졌다는 것을 의미하지는 않는다고 하더군요.

💬 황하 유역의 황무지에는 늪지와 숲과 홍수의 시련 이외에도 여름철의 폭서와 겨울철의 혹한이라는 두 극단 사이를 오가는 기온의 시련이 첨가되어 있었어.

황하 유역의 사람들은 자연환경이 주는 시련을 극복하면서 그들의 창의력을 발휘하였고 황하 문명은 그 결실이었다.

ㄴ 공자

　우리들의 타임머신은 B.C. 6세기 후반의 어느 날 황하 중류의 낙양에서 중국인의 정신적 뿌리를 만든 두 거인이 만났던 곳으로 날아갔다. 당시는 이른바 '춘추전국시대'라고 불렸던 시절로 주나라 천자의 권위가 땅에 떨어지고 제후들이 할거하면서 전란이 그치지 않았던 난세였지만, 정신문화의 측면에서는 '제자백가'가 출현한 풍요한 시대였다. 이 시대에 특별히 빛을 발하며 제자백가의 선구자가 된 두 명의 거인은 노자와 공자였다. 사마천의 《사기》에 의하면 노자는 초나라 출신으로 성은 이씨(李氏)이고, 주나라 수도였던 낙양에서 장서를 관리하는 사관이었는데, 도와 덕을 닦고 스스로 학문을 숨겨 헛된 이름을 없애는 데 힘썼다고 한다.* 당시에 산동에 살고 있던 공자는 황하를 역류하여 낙양으로 가서 조금 연상이었던 노자와 대화를 나누

---

*　사마천, 사기열전 1, 민음사

었다.

두 사람은 황하가 보이는 낙양의 한 정자에 앉아서 많은 이 야기를 나누었다. 두 사람의 대화는 겉보기에는 화기애애했지 만 실제로는 사상적으로 서로가 공감하지 못했다. 어쨌든 공자 는 산동으로 돌아와서는 제자들에게 이렇게 말했다고 한다.

"오늘 나는 노자를 만났는데 그는 마치 용 같은 존재였다."[*]

💬 노자의 사상은 무위자연이라고 알려져 있잖아요.

💬 그렇지. 노자는 자연의 이치에 따르는 삶을 이상적인 것으로 생각했어.

그는 관직을 버리고 은거에 들어가면서 5천여 자로 이루어 진 〈도덕경〉을 구술 후 떠난 도가의 창시자요, 중국 은사 문화 의 시조가 되었다.

"사람들은 관 입구에서 멀리 떠나가는 모습을 바라보고 있었다. 누런 옷에 백발의 노인네가 검은 소를 타고 어디론가 향하고 있었다. 잠시 후 흙먼지가 일면서 모든 것이 회색빛으로 변했다. 그리고 흙먼지 속 에 아무것도 보이지 않았다."[†]

[*]   사마천, 사기열전 1, 민음사
[†]   위치우위, 중화를 찾아서, 미래인

└ 낙양을 떠나는 노자

공자는 신분이 낮고 가난한 집안에 태어나서 어려서부터 고생을 많이 한 사람이었다. 그러나 그는 열다섯 나이에 학문에 뜻을 두어 독학하였고 마침내 서른 살부터 그 뜻을 확고히 하고 제자를 거두어 가르쳤다고 한다. 공자는 50대 중반부터 60대 말까지 14년 동안 제자들과 함께 전국을 돌아다니며 제후들에게 유세했지만, 정치적으로는 실패하였고 단지 사상과 학문에서 일가를 이루고 유가를 창시하였다.

💬 공자의 생각이 노자와 근본적으로 다른 점은 무엇인가요?

💬 공자는 사람은 야생동물이 아니기에 자연 속에서는 살 수 없고 인간 세상에서 살 수밖에 없으므로 인간 세상을 이상적인 사회로 만들어야 한다고 생각했어.

💬 우리가 이전에 구경하였던 고대 메소포타미아나 나일 강 문명과 비교해볼 때 고대 황하 문명이 정신적 차원에서 이들과 가장 다른 점은 무엇인가요?

💬 황하 문명의 특별한 점은 신(神)들의 이야기를 창조하지 않았다는 것이었어.

이제 우리는 B.C. 3세기 말의 함양으로 가기로 했다. 전국 시대 진나라의 수도였던 함양은 진시황의 중국통일 이후로 통일 왕조 진나라의 수도가 되어 황하 문명의 중심지로 번영하였다.

1. 함양

(咸陽, 셴양)

└ 진시황제

● 이제 우리는 진시황의 자취를 더듬는 것인가요?

● 그렇지. 황하 문명의 물질적, 제도적 기반을 쌓아 올린 사람은 바로 진시황이니까.

● 진시황을 간단히 소개하자면 어떤 사람이었나요?

● 진시황은 비밀스러운 출생 배경, 복잡한 성장기뿐만 아니라 잔혹하고 교활하며 과대망상이 심한 인성까지 모든 부문에서 유별난 사람이라고 전해지고 있어.

　　전국 시대를 통일하고 중국 최초의 황제가 된 진시황의 출생과 성장에 대해서는 많은 이야기가 전해지고 있지만, 가장 신뢰할 만한 것은 사마천의 《사기》에 나오는 이야기다. 진시황의 아버지는 전국 시대에 진나라 태자의 서자로 태어나 이웃 나라인 조나라에 볼모로 가서 어려운 생활을 하고 있었다. 그때 그는 조나라의 상인이면서 거부였던 '여불위'라는 사람의 도움을 많이 받았다. '여불위'에게는 절색의 첩이 있었는데 진시황의 아버지가 이 여자에게 한눈에 반해서 자기에게 달라고 하였고 여자는 결국 그의 부인이 되었다. 여자가 진시황의 아버지에게 갈 때 임신 초기였는데, 자신이 임신 중이라는 사실을 아무에게도 말하지 않았다. 그 여자가 낳은 남자아이는 이름이 '영정'으로 훗날에 진시황이 되었다. 어쨌든 영정의 공식적인 아버지인 진나라 공자는 여불위의 계략 덕분에 조국에 돌아가 진나라의 왕이 되었다.

사마천은 《사기》에서 영정의 생물학적 아버지가 여불위라고 말하지는 않지만, 정황을 보면 그렇게 추정될 가능성이 있다. 영정의 공식적인 아버지는 진나라의 왕이 된 후 3년 만에 죽었고, 소년 '영정'이 13세의 나이에 진나라의 왕으로 즉위했다. 덕분에 사실상의 최고 권력자가 된 여불위와 영정의 어머니인 태후는 다시 옛날의 연인 사이로 돌아갔다. 하지만 주변의 비판적인 눈을 피하고자 여불위는 '노애'라는 이름을 가진 사람을 정력적인 태후에게 소개하였다. 태후는 노애와 관계가 깊어져 둘 사이에 두 명의 아들을 출산하였고, 노애는 엄청난 권력자가 되어 수천 명의 부하를 거느리게 되었다. 그리고 영정이 진나라의 왕위에 오르고 9년째 되던 해에 태후와 노애는 영정을 제거하여 그들 사이에 낳은 자식을 보위에 올리고자 반역을 계획하였지만, 이를 눈치 챈 영정에게 잡혀 노애와 그 자식들은 제거 당하였다. 영정은 친모인 태후를 유폐시킨 후에 친부(?) 여불위도 자살하도록 하였다.

> "이렇게 보면 진시황의 잔인한 성격도 그의 성장 배경과 무관하지는 않다고 해야 할 것이다."*

영정은 B.C. 221년에 전국을 통일하고 중국 최초의 황제가 되었고, 그가 세운 통일왕조 진나라는 강력한 중앙집권적인 국가가 되었다. 그는 자신이 죽은 후에는 '시황제'라고 부르게 하여 훗날의 사람들에게 '진시황제'라고 알려져 있다.

💬 진시황의 최고 업적은 무엇인가요?

💬 진시황은 문자를 통일했고 중앙집권적 행정 및 법률제도를 확립했을 뿐만 아니라 흉노를 정벌하고 만리장성을 건설했지.

우리의 눈에 보이는 함양 시내는 고대 도시라고 믿어지지 않을 만큼 엄청난 규모의 도시였다. 넓고 곧은 도로가 사방으로 연결되고 궁전과 저택들은 화려함의 극치를 보였다. 진시황은 함양에 천하의 부호 12만 가구를 이주시켜, 그들이 저택의 화

---

* 렁청진, 지전 1, 김영사

└ 아방궁도

려함을 경쟁하게 하였으며, 위수 언저리에는 자신이 정복한 전
국 시대 왕국의 궁전을 본떠서 여러 개의 궁전을 세웠다. 나아
가서 그는 위수 남쪽 기슭에 '아방궁'이라는 거대한 새 궁전을
짓고 있었다. 이 궁전은 그 규모가 동서로 약 800미터, 남북으
로는 약 150미터에 이르렀고, 건축에는 약 70만 명의 인력이
투입되었다.

우리는 아방궁 건설 현장을 멀리서 지켜보면서 강제로 동
원되어 고된 노동을 하는 그들의 원성을 상상할 수 있었다. 절
대 권력자 한 명의 사치와 허영을 위해 수많은 백성이 흘린 눈
물이 강을 이루는 것이 인류 문명사의 잔혹한 모순임을 피부로
느끼고 있었다. 그래서 인류 역사는 불의와 모순의 역사가 아

└ 여산의 능

닌가.

진시황은 법가사상을 통치이념으로 삼고는 사상을 통일하겠다고 이른바 '분서갱유'*를 일으켰고, 또한 백성들을 과도하게 공역(功役)과 전쟁으로 인한 징집(徵集)으로 민심을 잃고 폭군이라는 원성을 사게되었다. 사마천은 《사기》에서 진시황을 탐욕스럽고 비열한 심성을 가졌고 폭력과 권모술수를 앞세우는 인간이라고 평하였다. 진시황은 불로장생이라는 망상에 빠져 온갖 약재나 약물을 구해와 취했지만 결국은 수은에 중독되어 끝내 50살의 나이로 순행 길에서 사망하였고, 지구상에서 가장 큰 무덤인 여산의 능에 묻혔다.

여산의 능에서 1.5킬로미터 떨어진 곳에는 지하에서 진시황

---

* B.C. 213년에 진시황이 유가 경전을 불태우고 유생들을 땅에 묻은 사건을 의미하는 말

└ 병마용

을 호위하는 근위부대인 병마용이 배치되었다. 진시황은 과대망상자일 뿐 현명한 인간은 절대로 아니었다. 죽으면 썩어 버릴 육신을 위하여 엄청난 부역과 재정을 투입한 그는 백성을 하찮게 여겼지만, 그들에게도 분노의 감정이 있다는 사실을 몰랐던 어리석은 이였다. 이 세상에 출현한 독재자는 대부분 과대망상자이거나 양심을 버린 자였다.

어쨌든 훗날인 B.C. 206년에 항우가 이끄는 초나라 반란군이 함양을 함락하고는 약탈과 방화로 이 도시를 폐허로 만들었다. 항우가 방화한 함양은 무려 3달 동안이나 화염이 그치지 않았다고 한다. 그리고 진시황이 누워있던 여산의 능도 그들에게 도굴당했다. 이 모든 사건이 진시황의 업보였음은 굳이 말할 필요도 없다.

함양을 떠난 우리는 B.C. 2세기 후반의 장안으로 날아갔다. 장안은 함양에서 가까운 곳으로 관중 평야의 중심부에 있었다.

2. 한나라의 장안

💬 이 시대의 장안은 통일 왕조 한나라의 수도였지요?

💬 그렇지. 진나라 멸망 이후 천하의 패권을 놓고 벌어진 초한 전쟁에서 항우에게 승리한 유방의 한나라가 B.C. 202년에 중국을 재통일하면서 장안을 수도로 삼았지.

💬 이 지역에서 동쪽으로 멀리 떨어진 강소 출신의 유방이 이곳을 수도로 삼은 이유는 무엇인가요?

💬 장안은 자연적인 요새에 둘러싸인 관중 평원의 중심에 있는 곳으로 방위에 유리했을 뿐만 아니라 농업 생산이 풍부했고 황하와 한수 및 위수를 통한 수상 운송이 편리했기 때문이었지.

중국의 국호가 한(漢)으로 바뀌면서 이후로 중국인은 한족(漢族)으로 불리었고, 중국인의 글과 문자는 한문 및 한자라고 하였다. 고대 중국에는 본시 한족(漢族)이라고 불린 종족이 없었기 때문에 한족(漢族)이란 명칭은 새로 창조된 것으로서 중국 문명공동체의 상징이라고 볼 수도 있다.

장안의 서쪽으로부터 시내로 걸어 들어가고 있던 우리의 눈길을 끈 것은 무엇보다도 거대한 궁전인 미앙궁이었다. 미앙궁은 한 고조 유방의 명령으로 당시의 재상이었던 소하가 지은

└ 유방

└ 한무제

것으로 정전의 길이가 120미터가 넘는 거대한 궁전이었다. 미앙궁은 장안의 서쪽에 있어 '서궁'이라 불리기도 하였는데, 마주 보는 위치의 '동궁'은 유방의 첫 궁궐로 진시황 시대에 지어진 건물을 개축한 장락궁이었다. 미앙궁의 모습은 성벽에 둘러싸여 위에서 보면 직사각형 모습으로, 길이는 동서 2,150미터, 남북 2,250미터이었다.

훗날 한무제는 장안 서쪽에 연회를 위한 궁전을 짓고 시내를 관통하여 길이가 16킬로미터나 되는 지붕 덮인 2층 회랑으로 황궁인 미앙궁과 이어 놓았다고 한다.*

한고조 유방은 본시 건달 출신으로 배움이 짧아 예의범절을 몰랐다. 유방의 젊은 날에는 예절과 체통을 중시하는 유교를 매우 싫어하여 유생들을 보면 무시하거나 모욕하기 일쑤였다.

---

* 마이클 설리번, 중국미술사, 예경

제3장 황하(黃河, 황허강) 문명

그러던 그가 왕조의 권위를 세우고 사회 질서를 확립하기 위하여 유교에 기반을 둔 규범을 채택하였고, 이와 관련된 짧은 이야기가 전해지고 있다. 유방이 황제의 자리에 오르고 2년 지났을 때 황제의 궁전인 장락궁이 완공되었다. 이와 함께 제후와 관리들이 황제에게 인사를 드리는 의식이 장락궁에서 거행되었다. 유생들이 기획한 이 의식에서는 황제에 대한 극진하고도 엄숙한 유교적인 예가 중심이 되었다. 이 의식을 치른 후에 유방은 감격하여 이렇게 말했다고 한다.

"나는 마침내 오늘에야 황제가 귀하다는 것을 알았다."*

한나라에서 본격적으로 유가 사상을 통치 철학으로 받아들인 것은 한무제 치세였던 B.C. 140년경부터였다. 이 시대에 유교적인 소양을 갖춘 사람들이 관료로 임용되어 한나라의 국가 운영에 가담하였고, 이들의 정치적 발언권은 점차 높아졌다.

한무제는 53년이라는 긴 치세에 국내의 정치체제를 공고히 하고, 경제를 발전시켰으며 중국의 북부 지역을 빈번히 침략하는 흉노족을 정벌하여 한나라의 전성기를 이룩한 황제로 유명하지만 동시에 그는 뛰어난 시인이기도 했다.

"가을바람이 불고 흰 구름이 떠가는데, 초목은 시들고 기러기는 남으

---

* 권중달, 위진남북조 시대를 위한 변명, 산화

로 날아가네. 아름다운 것은 난이요, 향긋한 것은 국화라 가인이 그리

워 잊을 수 없네."*

한무제 또한 말년에는 불로장생을 꿈꾸며 정무를 멀리하고 궁전에 방사나 무당을 불러들여서 그의 치세에 오점을 남기기도 하였다. 게다가 감정적이었던 그는 바른 말 잘하는 사마천의 간언에 노여움을 품고 사마천의 성기를 자르는 치욕적인 형벌을 내렸다. 그 후 사마천은 환관으로의 치욕적인 삶을 살았지만 결국에는 불후의 명작 《사기》를 완성하게 되었다. 그는 이런 말을 남겼다고 한다.

"내가 멸시와 오명을 감수하고 오로지 참으며 살아가는 이유는, 가슴

속의 숙원을 이루지 못해 이 세상에 문장을 남기지 못하는 것을 두려

워하기 때문입니다."†

한 인간의 불행했던 삶이 인류 문명사에 뛰어난 자취를 남기는 경우는 동서양 어디에서나 흔히 목격된다. 인간의 의지는 그토록 위대하고, 삶은 그렇게 신비한 사건이다.

국수의 대국이라는 중국에서 최초로 밀로 만든 면 요리가 만들어진 것은 한무제가 파견한 장건의 서역 여행에 의해서이다.

---

* 탄종, 중국문명사, 경지출판사
† 모리야 히로시, 남자의 후반생, 푸른숲

　　　　　　　　　　제3장 황하(黃河, 황허강) 문명

└ 사마천   └ 수타면

이른바 비단길의 효시가 된 장안에서 서역까지의 길이 열리면서, 서역에서 많은 물자가 한나라로 들어왔는데 그중에 밀이 있었다. 당시 중국인들은 주로 기장, 좁쌀, 수수, 귀리 등을 먹고 살았는데, 밀이 들어와서 널리 재배되면서 밀가루를 사용한 면 요리가 점차 발전하여 당, 송 시대를 거치면서 중국의 대표 음식으로 자리를 잡았다.[*]

타임머신을 타고 떠나는 우리들의 황하 문명 탐방은 황하의 중류에 위치한 낙양으로 향하고 있었다. 6세기 후반 이른바 남북조시대라고 불렸던 난세의 낙양이었다.

---

[*] 윤덕노, 음식으로 읽는 중국사, 더난출판

3. 낙양

(洛陽, 뤄양)

└ 낙양성

● 황하 문명의 중심지가 장안에서 낙양으로 바뀐 것이 언제인가요?

● 1세기 초에 전한 왕조가 멸망하면서 장안의 전성기는 막을 내렸고,
후한 왕조(25~220)가 낙양에 수도를 두면서 이곳이 황하 문명의
중심지가 되었지.

낙양은 황하를 통한 물자 이동이 활발한 도시로 한나라 시대
에 대도시로 발전하였고, 광무제부터 시작하는 후한 시대에는
수도로 번영하였다.

낙양성 문을 지나서 시내로 들어온 우리가 최초로 찾은 곳은
바로 백마사였다. 낙양에 도착한 후에 먼저 백마사에 가자는
내 제안에 후배는 모르겠다는 표정으로 질문을 했다.

└ 백마사

💬 아니, 하필이면 왜 사찰부터 가는 것이죠?

💬 후한 시대에 대표적인 외래 문명의 하나가 서쪽에서 험난한 산을 넘어 들어왔는데, 이후로 이것이 중국인의 정신과 문화에 가장 큰 영향을 주었어.

💬 아, 불교를 말하는 것이죠?

💬 맞아, 나는 불교가 인생과 세상의 본질을 가장 잘 설명한 종교라고 생각해.

ᒪ 낙양 시내

　중국으로 불교가 전파된 것과 관련하여 유명한 일화가 있다. 때는 65년으로 후한의 황제인 명제가 통치하던 시절이었다. 어느 날 명제가 꿈을 꾸었는데, 꿈속에서 목에 목걸이를 한 금색의 사람이 나타나서 사방을 환히 비추면서 궁전 안을 날아다녔다. 잠에서 깨어난 명제는 해몽가를 불러 꿈 이야기를 했더니, 이를 듣고 꿈에 나온 이는 서양의 신이며 이름이 부처라고 말했다고 한다. 이에 명종이 사람들을 서역으로 보내서 인도인 고승 두 명을 수도 낙양으로 모셔왔다. 이후 명제는 낙양에 백마사라고 하는 사찰을 지어서 고승들이 그곳에 머물며 불경을 번역하게 하였다. 낙양 시내는 수도답게 인구가 많고 번화했다. 도로는 비교적 넓고 직선이었으며 거리에는 온갖 상품을 파는 상가들이 줄지어 있었다.

　시내 한복판에는 황제의 거처였던 거대한 궁전이 있었다. 궁전의 입구에는 한 쌍의 높은 망루가 있고, 궁전 뒤에 있는 정원에는 인공 호수와 언덕을 만들어서 신선이 사는 곳처럼 풍경을 창조하였고 이곳에 있는 누각에서는 연회가 열렸다. 중국의 오래된 인기 역사소설로 14세기에 나관중이 쓴 《삼국지연의》의 첫 장은 이렇게 시작된다.

"무릇 천하대세란 나뉜 지 오래면 반드시 합하며, 합한 지 오래면 반드시 또 나뉜다."*

후한의 몰락 이후 촉, 위, 오가 대립하였던 분열의 시대를 끝내고 천하를 통일한 사람은 위 왕조로부터 선양 받아 265년에 새로운 왕조 진(晉)의 초대황제가 된 사마염이었다. 사마의의 손자였던 그는 낙양을 통일 왕조의 수도로 삼았다.

우리는 잠시 삼국 시대 이야기를 했는데, 평소에 나관중의 《삼국지연의》를 몹시도 좋아하는 후배는 신이 난 것 같았다.

💬 삼국지연의에서 최후는 승자는 사마의가 아니겠어요?

💬 나도 그렇게 생각해. 그런데 삼국지연의에서 나온 말 중에 제일 좋아하는 구절이 무엇이지?

💬 제갈량이 상방곡에서 사마의를 죽일 뻔했다가 실패하고 한 말 '일을 기도하는 것은 사람이지만 일의 성패를 결정하는 것은 하늘이다.'라는 구절이죠.

---

* 나관중, 삼국지, 동태

《삼국지연의》에서 사마의는 위나라 최고의 지략가로서 촉한의 제갈량과 승부를 겨루었다. 사실 《삼국지연의》에서 사마의는 제갈량의 맞수이기는 했지만 한 수 아래로 묘사되었다. 하지만 그는 제갈량 사후에도 오랫동안 살아남아서 '승자가 살아남는 것이 아니라, 살아남는 자가 승자'라는 진리를 입증하였다. 사마의는 본시 조조의 부하였지만, 훗날에는 쿠데타를 일으켜서 조조의 후손들을 제거하고 위나라의 실권을 장악하였다. 그 바람에 그의 손자 사마염이 진(晉)의 황제가 될 수 있었다.

진(晉)시대에 황하 지역에서 만두를 차려놓고 하늘에 제사지내는 풍속이 생겨났는데, 이것은 새해 첫날에 만두로 제사를 지냈다는 이야기이다.

💬 만두는 삼국 시대에 제갈량에 의해서 처음으로 만들어졌잖아요?

💬 하하, 《삼국지연의》에 그런 이야기가 나오지만, 근거가 전혀 없는 나관중의 구라야. 하지만 삼국 시대에 만두가 처음 등장한 것은 사실인 듯해. 훗날 당, 송 시대를 거치면서 만두는 중국인의 '국민 음식'이 되었지.

그러나 진(晉)은 부패와 반란으로 휘청거리다가 오래가지 못하고 316년에 흉노족에게 정복되었다. 하지만 살아남은 진 왕가의 후손인 사마예가 양자강 이남에서 동진을 세웠고, 이어서 남조가 출현하였다. 한편 양자강 이북에서는 북방 유목민들의 침략으로 오호십육국 시대가 도래했지만, 그 중의 선비족이 세

운 북위가 439년에 양자강 이북을 통일하여 북조 시대가 시작
되었다. 그리고 북위가 불교를 적극적으로 받아들이면서 불교
예술이 크게 융성하게 되었다.

> "중국 미술을 가장 힘 있게 자극하고 활기를 불어 넣어준 것은 불교의
> 영향이었다. 불교의 승려나 고행자들은 가끔 놀랄 만큼 사실적인 조
> 상으로 표현되었다."*

북위는 494년에 수도를 대동에서 낙양으로 옮긴 후에 낙양
에서 가까운 곳에 '용문 석굴'을 만들었는데, 이곳에 있는 조각
상들은 섬세한 표현이 가능한 석회암으로 만들어져 예술성이

---

* E.H. 곰브리치, 서양미술사, 예경

　　　　　　　　　제3장 황하(黃河, 황허강) 문명

└ 빈양동 석굴 부조상

뛰어남을 볼 수 있다.

5세기 말에 시작된 '용문 석굴' 공사는 400년 동안에 거쳐서 순차적으로 진행되었다. 이곳에서 가장 유명하고 예술성이 높은 작품은 523년경에 완성된 빈양동 석굴에 있는 부처와 2대 제자인 가섭과 아난의 석회암 부조상이다. 빈양동 석굴은 사원의 내부가 연상되도록 고안되었다. 세 개의 조각상(부처, 가섭, 아난)은 환조에 가까운 부조이며, 입구의 양쪽 벽에는 본생담, 유마거사와 문수보살 사이에 벌어진 유명한 논쟁의 장면들, 시종들을 거느리고 석굴로 행차하는 황제와 황후를 보여주는 두 개

의 커다란 패널 등이 부조로 되어있다.[*]

● 고대 중국인들이 석조상을 잘 만들었나요?

● 고대 중국인들은 환조상 대신에 주로 부조상을 만들었는데, 석조 조각
　능력이 부족했던 것 같아. 반면에 점토나 청동 조형을 잘 만들었지.

　북방 유목민이 황하 유역인 중원을 차지하면서 중국인의 식
생활에 큰 변화가 일어났는데, 양고기와 유제품 그리고 치즈
의 대용품인 콩으로 만든 두부가 중국인의 식탁에 오르기 시작
하였다. 결과적으로 북방 유목민의 풍부한 육식 문화가 한족의
요리법과 융합하여 중국 요리는 크게 발전하였다.[†]

　이제 우리는 북위 시대의 낙양을 떠나려고 하고 있었다. 그
렇다고 황하 문명 기행이 끝난 것은 아니었다. 아직도 중국 문
명의 중심지는 황하 유역이었기 때문이다. 내가 어디로 가야
할지를 아직 말하지 않아서인지 조종석에 앉은 후배는 내 얼굴
을 빤히 쳐다보고 있었다. 나는 상황을 눈치 채고 그에게 물어
보았다.

---

[*]　마이클 설리번, 중국미술사, 예경
[†]　윤덕노, 음식으로 읽는 중국사, 더난출판

● 중국 문명이 세계에서 가장 찬란하게 빛났던 시대는 언제였을까?

후배는 내 질문의 의도를 짚어보려고 잠시 생각에 잠기더니 이윽고,

● 당, 송 시대가 가장 찬란했다는 이야기를 들은 적이 있어요.

● 맞아, 그렇다면 이제 우리는 어디로 가야할까?

● 아, 당나라 수도인 장안이겠지요.

● 하하, 이제 손발이 잘 맞는군. 당나라의 전성기였던 8세기 중반의 장안으로 가자구.

4. 당나라의 장안

400년에 가까운 위진남북조 분열의 시대를 끝내고 마침내 수나라는 중국을 다시 통일하였다. 수나라의 창시자인 양견은 남북조시대였던 541년에 장안 인근의 한 사찰에서 태어나 여승의 손에서 자란 사람으로 훗날에는 북주의 외척이 되어 왕권을 탈취하고 수나라를 세웠으며, 다시 천하를 통일하여 통일 왕조 수나라의 초대황제가 되었다. 훗날에 수문제의 둘째 아들 양광은 병석에 누워있는 부친을 암살하고 보위에 올라 수양제가 되었다. 그는 본인의 향락을 위해 대운하 건설과 수많은 행궁을 짓도록 하였고, 많은 전쟁을 일으켜 백성들에게 끊임없이 고통을 안겨줬던 폭군이었다. 고구려 원정의 실패와 기근으로 인해 전국에서 반란이 일어나자 수양제는 강소 양주에 있던 행궁에서 50살의 나이로 최측근 부하에게 살해되었다. 한편 수양제 통치 말기였던 617년에 수양제의 이종사촌인 이연이 봉기하여 수도를 장안으로 하고 새 왕조 당나라를 창업(創業)했으며 다시 전국을 통일하여 통일 왕조 당나라를 세웠다. 그리고 그의 둘째 아들 이세민이 626년에 장안에서 '현무문의 정변'을 일으켜서 형과 아우를 죽이고 부친인 이연을 핍박하여 보위를 물려받고는 2대 황제 당태종이 되었다. 이세민은 '정관의 치'라고 불리는 태평성대를 이루어 중국 역사에서 최고의 성군으로 인정받고 있다.

당나라 시대는 유교, 불교, 도교가 공존하면서 중국 문명이 조화와 원숙함을 맘껏 뿜낸 시절이었다. 그리고 문화적 차원에서 또 다른 쾌거인 당시(唐詩)가 출현하였다.

"당시는 중국 문명의 자랑이며, 중국문화의 황금 보물고이다."[*]

당나라의 대표 시인 중 한 명인 왕유는 불교의 향기를 뿜어내는 시를 많이 지었다.

"향적사 있는 곳 알지 못해서

구름 낀 봉우리로 몇 리쯤 들어가자

고목들 늘어서서 사람 자취 없는데

깊은 산 어디선가 들려오는 종소리

뾰족한 돌 사이에 흐느끼는 샘물소리

푸른 소나무에 차가워진 햇살

어스름 저녁 무렵이면 텅 빈 연못가에서

고요히 참선하며 헛된 욕망 씻어 내리라."[†]

시인이면서 문인 산수화를 창시한 화가이기도 했던 왕유는

[*] 탄종, 중국문명사, 경지출판사
[†] 유영봉, 당나라 시인들을 만나다, 범한서적주식회사

'시로 그림을 그렸고, 그림으로 시를 지었던 사람'이라는 찬사를 받았다. 그의 산수화는 채색이 없이 검은색 먹의 다양한 농도로 표현되었다. 한편 시선이라고 불렸던 당나라 시인 이백은 도교와 유교의 쌍 갈래 길에서 방황하던 사람이었다. 그의 대표작품 〈장진주(술잔을 들며)〉의 일부를 보자.

"여보시게 못 보았는가?

황하의 물이 하늘에서 흘러내려

세차게 흐르다 바다에 이르면

다시 돌아오지 못하는 것을.

여보시게 못 보았는가?

높다란 집 거울 앞에서 백발을 슬퍼하는 사람을

아침나절 검은 머리가 저녁되자 희어졌다고.

…

하늘이 날 낳았을 젠 반드시 쓸모가 있어서고

돈이란 다 날려도 되돌아오는 법이라네."*

도교적인 형이상학과 유가적인 출세 지향의 마음이 곁들여진 대목이다.

💬 노장사상과 도교는 어떻게 다른가요?

* 마화, 중국은사문화, 동문선

● 후한 시대에 장도릉이라는 신비주의자가 노장사상에다 신선 사상을
  섞어서 도교를 창시했는데, 그는 추종자들을 데리고 불로장생약을
  찾아 산천을 떠돌아다녔다더군.

우리는 8세기 중반의 장안성 안으로 들어왔다. 장안성 성벽
의 높이는 12미터이고 동서남북으로 4개의 성문이 있었다. 성
벽이 둘러싸고 있는 도시의 면적이 84제곱킬로미터에 이르러
서 당대 세계 최대의 도시였다. 우리의 눈에 비친 장안 시내는
길이 바둑판처럼 구획되어 있었고, 그 길 따라 귀족들이 모여
사는 붉은 대문의 집들이 즐비했다. 거리에는 사람과 상점들로
넘치고, 거기에다가 외국의 사절들과 상인들 그리고 유학생들
이 바글바글하였다. 터번을 쓴 중동인과 인도인 그리고 터키인
과 몽골인이 거리를 활보하고 있었다. 이와 함께 전 세계에서
온갖 문물이 몰려 들어와서 여기가 중국 땅인지가 의심이 될

└ 대명궁

└ 함원전 디지털 복원

정도 였다.

우리는 곡강가에서 궁전인 대명궁을 보고 있었는데, 거대한 궁전은 마치 비 그친 후의 무지개처럼 환하게 빛나고 있었다.

634년에 당 태종의 지시로 대명궁 공사가 시작되어 662년에 완공되었다고 한다. 대명궁은 남북을 잇는 거대한 중심축을 중심으로 지어졌으며, 이 중심축에 함원전, 선정전, 자신전과 같은 궁궐에서 가장 중요한 전각들이 배열되어 있었다.

우리는 장안에서 가장 유명한 사찰인 대자은사를 찾아갔다. 장안성 왼쪽 거리의 진창방에 있는 대자은사는 당나라의 제3대 황제이며, 당 태종 이세민의 아홉 번째 아들인 당 고종 이치가

└ 대안탑

자신의 어머니인 문덕황후 장손씨의 명복을 빌기 위해 648년에 지은 사찰이다. 이 사찰은 규모가 매우 커서 실내 공간이 1,897칸이나 되었고 승려가 300명이 넘는다고 하였다. 이 사찰에서 가장 유명한 기념물은 마당에 있는 대안탑이다.

7층으로 높이가 총 64미터인 대안탑은 현장법사가 인도로부터 가져온 불상이나 경전을 보관하기 위해 652년에 건립되었다. 현장법사는 인도에서 15년간 유학하고 643년에 코끼리와 말에 657부의 불경을 싣고 당나라로 돌아왔다. 당 태종은 현장이 돌아왔다는 말을 듣고 대대적인 환영 행사를 벌였다고 한

제3장 황하(黃河, 황허강) 문명

└ 소안탑

다. 이후 현장은 대자은사의 상좌(上座)로 있으면서, 절 북서쪽
에 지어진 번경원에서 불교 경전의 한역 사업에 힘썼는데, 이
후 20년에 걸쳐 총 75부 1,335권의 경전이 한역되었다. 그밖에
도 그는 자신이 여행을 통해 보고 들은 사실을 바탕으로《대당
서역기》를 편찬했다.

💬 당나라 시대에 장안에 절이 많았던 것 같아요.

💬 외래 종교인 불교가 인도로부터 들어와서는 중국인의 정신과 예술

에 엄청난 영향을 주었는데, 불교 예술과 건축이 가장 융성했던 시대가 당나라 때였어. 한국과 일본에 불경이 전파된 것도 당나라로부터였고. 그 후로 중국은 인도를 대신해서 불교 문화의 중심지가 되었지.

이왕에 불교 이야기가 나온 김에 우리는 장안에 있는 다른 사찰인 천복사를 구경하기 위해 길을 나섰다. 천복사는 장안성 왼쪽 거리에 접하는 개화방과 안인방의 두 방에 있었다. 천복사는 승려 200명이 있었던 제법 큰 사찰이었는데, 684년에 당 고종이 승하하자 그의 부인인 측천무후가 남편의 사후 안녕을 기원하며 건립했다고 한다.

천복사 경내에 있는 높이 88미터의 15층 벽돌탑인 소안탑은 당 고종이 죽은 100일 후에 측천무후가 지었다고 하는데, 의정이 서천에 가서 불경을 얻어 온 것을 기념하기 위해서였다고 한다.

이 사찰과 탑을 세운 측천무후는 중국 역사에서 가장 유명한 여인이다. 중국 역사에서 유일한 여황제, 당 태종과 당 고종이라는 부자 사이를 동서 사이로 만든 여인, 무려 친자식을 셋이나 죽인 여인, 심지어는 80세까지 젊은 남자들과의 잠자리를 즐겼던 색골 여인, 천하를 쥐고 흔든 무서운 여인, 국가를 부흥시킨 유능한 통치자 등등 그녀에 관한 이야기는 끝이 없다. 마치 그리스 신화에나 나올 법한 이야기가 중국의 당나라 시대에 실화로 출현한 것이었다.

그녀는 82세에 죽으면서 그의 아들 당 중종에게 자신의 비석

은 세우되 글은 쓰지 말라고 유언하여 이른바 '무자비(無字碑)'를 남겼다. 훗날 그녀가 무자비를 부탁한 이유를 둘러싸고 온갖 추측이 난무하였다.* 그녀에 대한 무서운 소문들과 행동에 대한 의문은 별개로 측천무후는 불교에 깊은 믿음을 가지고 있던 사람이었다. 그녀는 불교를 믿는 집안에서 태어나서 어려서부터 불교가 몸에 배어있는 사람으로, 황제가 된 이후로는 용문 석굴과 돈황 막고굴에 불단을 세우고 전국에 수많은 사찰을 지었다. 그녀의 치세에 중국 선종은 크게 발전하여 신수 대사가 북종선을 그리고 혜능 대사가 조계종의 원조인 남종선을 창시하였다. 혜능의 뒤를 이어 신회, 종밀, 임제 등을 거치면서 당나라 시대에 중국 선종은 전성기를 누렸다.

당나라 시대에 중국에서는 이른바 '불당 문화'가 형성되었고,

---

* 쑹창빈, 천추흥망 수·당나라, 따뜻한 손

이로 인해 거대한 인적, 물적 자원과 예술적 기능이 사찰의 건축에 동원되었다. 한편으로는 왕족과 귀족이 빈번히 사찰을 찾았기 때문에 이들을 대접하기 위하여 사찰에서 '차 문화'가 출현하기도 하였다. 중국인은 차를 춘추전국 시대부터 마셨다고 하는데, 그 시대에는 소수 특권층만이 마신 것으로 보인다. 그러나 당나라 시대에 들어서 차 마시기가 점차 대중적인 풍속이 되어서 도시마다 곳곳에 찻집이 문을 열고 차를 끓여서 팔았다. 이로 인해 강남지방에 차 재배지역이 늘었고 차 상인이 생겨났다.*

당 태종 시대에는 인도의 제당 기술자가 초빙되어 중국에서 제당업이 시작되었고 이때부터 중국의 부유층은 흑설탕 덩어리를 소비하게 되었다. 그러다가 8세기 중반 당 대종 시대에 제당공방에서 일하던 어떤 처녀가 당액을 훔쳐내어 작은 항아리 안에 넣어 두었는데, 겨울에 노천에서 9일간 두었다가 꺼내보니 당액이 설탕 서리로 변해있었고, 이로부터 중국에서 백설탕을 생산할 수 있게 되었다고 한다.†

흥망성쇠라고 했던가. 번영하던 당나라에 어둠이 깃들기 시작하였다. 측천무후의 손자였던 당 현종 이융기는 치세의 초반에 국정에 몰두하여 당나라를 중국 역사상 최고의 번영기로 이끌었다. 그러나 그는 치세 후반기에 들면서 주색에 빠지게 되고 간신들의 말에 귀 기울면서 결국 나라가 크게 흔들릴 정도

---

* 윤덕노, 음식으로 읽는 중국사, 더난출판
† 탄종, 중국문명사, 경지출판사

└ 양귀비

로 국력을 약하게 만들었다. 물론 그가 아들한테서 뺏어서 자신의 후궁으로 삼은 양옥환(양귀비)의 탓으로 돌리는 사람도 있지만 현명한 군주라면 어찌 일개 후궁에게 휘둘리겠는가.

동양에서 미인의 대명사로 알려진 양귀비의 미모는 시인 이백의 시구에 이렇게 묘사되었다.

"한 가지 모란꽃에
이슬에 향이 엉겨"

맑은 이슬에 황홀한 향이 밴 한 송이 모란꽃은 다름 아닌 현종의 사랑이 깃든 양귀비의 얼굴이다.[*]

---

[*] 유영봉, 당나라 시인들을 만나다, 범한서적주식회사

💬 양귀비가 정말 그렇게 예뻤나요?

💬 하하, 미적인 기준은 시대마다 달라서 평가하기 힘들고, 양귀비는 몹시 뚱뚱하고 피부에 지방이 많아 목욕할 때는 피부에서 물 방울이 도르르 굴러 떨어질 정도였다고 하더군.

💬 그리고 보니 양귀비를 표현한 조각을 보면 뚱뚱하다기보다는 육감적인 마릴린 먼로 스타일로 보이네요.

💬 하하, 조각가가 적당히 상상력을 발휘한 것이겠지. 양귀비는 신장 150센티에 체중 80킬로였다는 이야기를 읽은 적이 있어. 물론 오늘날의 치수로 환산을 제대로 했는지는 모르지만.

💬 그렇다면, 현대의 미적기준과는 다른 몸매였겠군요. 왜 그럴까요?

💬 그 시대의 사람들은 평균적으로 신장이 작았어. 그리고 전근대 시대에는 동서양 모두에서 살찐 사람을 선호했어. 영양 상태가 좋다는 이야기니까.

당나라 이씨 황가에서 아비와 아들을 동서 사이로 만든 여자가 두 명(측천무후, 양귀비)이나 출현했으니, 이씨 황가의 유전자에 문제가 있는 것인지 아니면 권력이 인간을 후안무치하게 만드는 것인지도 모른다. 그러나 당나라의 대시인 백거이는 〈장한가〉라는 시를 써서 시아버지와 며느리 사이의 패륜적인 애정행각을 아름다운 사랑으로 승화시켰다.

"…양씨 집안에 딸이 있어 처음 자라날 적에

집안 깊은 곳에서 길러져 알아주는 사람 없었지만,

하늘이 낳은 고운 모습은 하늘 스스로가 버리기 어려워

하루아침 뽑히어 황제 곁에 있게 되었는데,

…사랑 받아 연회마다 모시느라 한가할 틈이 없어

봄에는 봄놀이를 따르고 밤에는 잠자리를 독차지해."*

백거이는 현종보다 약 90년 후에 태어난 사람으로 단지 전해오는 이야기를 소재로 하여 시를 쓴 것에 불과하다. 한편 현종과 동시대를 살아갔던 시인 두보는 이 사건을 바라보는 시각에 있어서 백거이하고는 판이했다. 양귀비와 환락적인 생활에 빠져서 국정을 수렁에 빠트린 당 현종의 치세를 두보는 이렇게 시로 표현했다.

"고개 돌려 지난날 태평스러웠던 순임금을 부르니

푸른 오동나무에 걸린 구름이 바로 수심이구나.

슬프게도, 황음으로 보내는 임금의 술좌석에

해는 말없이 곤륜산의 언덕으로 지려하는구나."†

결국 755년에 안록산과 사사명이 이른바 '안사의 난'을 일으

---

* 유영봉, 당나라 시인들을 만나다, 범한서적주식회사
† 김두근, 시인 생평, 명문당

└ 호떡

커 당나라는 8년 동안 전란에 휘말렸다. 현종이 양귀비를 데리고 난을 피해 사천으로 피신하던 중에 호위하던 군대에 의해서 양귀비는 교살되었고, 현종은 자신이 살기 위해 양귀비의 목숨을 호위 군대에 넘겼다.

💬 현종과 피난길에 오른 양귀비가 죽기 전에 마지막으로 먹은 음식이 뭔지 알아?

💬 글세요. 피난길이니 고급음식은 아니었겠지요.

💬 하하, 바로 호떡이야.

💬 아무리 피난길이지만 그렇게 하찮은 음식을 먹다니.

💬 당나라 시대에 호떡은 상류층의 음식으로 인기가 좋았어.

💬 근데 왜 이름이 호떡인가요?

💬 후한 시대에 서역에서 전해진 음식이라서 서역인을 칭하는 호인의 떡에서 유래했다더군.*

어쨌든 70살이 넘은 현종에게서는 젊은 날의 총기와 의기를 발견할 수가 없었는데, 이것이 단지 나이의 문제만은 아니었다. 현종의 노년을 보게 되면 '갈고 닦은 칼만이 광택과 날카로움을 유지할 수 있다'는 진리를 깨닫게 된다. 어쨌든 안사의 난은 평정되었지만, 이후로 당나라는 급격히 쇠락의 길을 걷게 되고 빈번한 반란과 자연재해로 황하 유역은 극도로 황폐화되었다.

번영했던 당나라의 쇠락이 시작되면서 이제 우리도 장안을 떠나고 싶었다. 무너지고 혼란에 빠진 세상을 쳐다보는 것은 언제나 슬픈 일이기 때문이다. 하지만 분열과 통일을 거듭하는 것은 국가의 역사이지 문명의 역사는 아니다. 왕조의 교체는 정권의 교체이지 문명의 교체는 아니기 때문이다. 난세에도 당나라의 찬란했던 문명은 사라지지 않고 조용히 새 시대를 기다리고 있었다.

우리를 태운 타임머신은 황하 문명의 새로운 중심지를 찾아서 날아갔다. 그곳은 낙양보다 동쪽에 있는 개봉이었고, 때는 12세기 초반의 송나라 시대였다.

---

* 윤덕노, 음식으로 읽는 중국사, 더난출판

5. 개봉

(開封, 카이펑)

└ 조광윤

💬 송나라 시대는 중국 문명의 전성기라고 들었어요.

💬 그렇지. 당나라 문명이 혼란기를 거쳐서 마침내 송나라에서 부흥되
었고 더욱 발전하였지.

당나라 멸망 이후에 출현한 혼란의 시대를 끝장내고 새 시대
의 문짝을 열어젖힌 사람은 송나라를 건국한 조광윤으로 이른
바 송 태조라고 불리는 사람이었다.

'오대십국 시대'라 불리는 난세에 낙양의 관료 집안에서 태어
난 그는 어려서부터 무예를 닦았다. 난세에는 글공부보다 무예
를 익히는 것이 생존과 출세에 유리했기 때문이다. 청소년기에
그의 집안은 개봉으로 이주했고 이후 그는 개봉에서 기반을 잡

고 출세의 문을 열었다. 젊은 날 그는 후주의 황제 세종의 최측근 장수가 되어 출세의 발판에 발을 올렸다. 세종은 조광윤을 지혜와 용기를 갖춘 장수로 인정하였고 또한 총애하였다. 후주 세종이 요절하고 그의 어린 아들이 보위를 잇자 당시 병권을 장악하고 있던 조광윤은 자의 반 타의 반으로 후주 정권을 찬탈하고 황제가 되어 960년에 송나라를 건국하였다. 송나라는 개봉을 수도로 삼고 이후 약 20년간 통일 전쟁을 치러 결국 중원의 통일왕조가 되었다.

송나라는 문치주의에 빠져서 군사적으로는 나약해 북방 유목민들에게 많은 굴욕을 당했다. 송나라 사람들은 흔히 이런 말을 했다고 한다.

"품질이 좋은 철에는 못질을 하지 않고, 훌륭한 남아는 군인이 되지 않는다."[*]

송나라가 국방 강화를 제대로 하지 않았던 것도 사실이지만, 그 시대에 중국 북방에 몽골, 거란, 여진 등 강대하고 호전적인 민족들이 출현하여 중원을 노린 것도 사실이다. 한마디로 이웃 복이 지독히도 없었다.

반면에 송나라의 문명은 찬란한 빛을 발하였다. 무엇보다도 교양 수준이 높았던 황제들과 지성인이었던 관료들이 토론을

---

[*]　탄종, 중국문명사, 경지출판사

└ 개봉의 풍경

통하여 사회를 이끌어 갔으며, 과학기술 발전과 교역이 활발하여 경제적으로 번영하였다.

송나라의 수도 개봉은 그 선진 문명의 상징이었으며, 당시의 인구가 약 100만으로 세계에서 가장 큰 도시였다. 개봉은 수양제가 건설한 대운하가 황하와 합류하는 지점에 있어서 수, 당시대부터 수로 교통의 요지로서 상업적으로 번영하였다.

우리는 개봉성 외곽지역을 잠시 둘러 보았는데 성 밖에는 농지와 농가 그리고 작은 주점들이 있었다. 그리고 강가의 아름다운 경치와 어울린 부자들의 저택이 보였다. 높고 견고하게 지어진 개봉 성벽 안으로 들어오니 직선의 넓은 대로에 걸어다니는 수많은 사람, 노새에 짐을 짊고 가는 사람들 그리고 말이 수레를 끌고 가는 모습이 보였다. 게다가 낙타에 짐을 싣고 가는 이슬람 상인들도 보여서 국제도시로서의 변모를 갖추고

└ 개봉 황궁

있었다.

　시가지에는 온갖 점포들이 빽빽하게 들어섰고, 다양한 직업에 종사하는 사람들이 셀 수 없이 많았다. 개봉에서는 큰 거리든 작은 골목이든 점포 설립이 허용되면서 주택과 상가가 섞여 있는 형태가 나타났다고 한다.*

　우리는 운하를 오가는 선박과 운하 양쪽을 오가는 수많은 행인 및 노새와 말 그리고 가장 번화한 무지개 모양의 홍교 주변을 구경했다. 북적이는 거리는 생기가 가득했고 상점에는 물건이 가득하여 풍요로워 보였다. 송나라 시대에 뱃사공들은 중국의 운송과 상업에서 매우 큰 역할을 하였는데, 그래서인지 그들의 모습을 자주 볼 수 있었다.

---

* 　쉬홍씽, 천추흥망 송나라, 따뜻한 손

　　　　　　　　　　제3장 황하(黃河, 황허강) 문명

황하와 대운하 사이에 놓인 개봉은 도시의 곳곳에 호수가 있는 물의 도시였다. 송나라 황제가 살았던 궁전도 대전을 중심으로 동, 서 양편에 아름다운 두 개를 호수를 앞에 두고 있는 물의 궁전이었다. 역대 중국 황제의 궁전 중에서 규모와 상관없이 전망의 아름다움으로는 개봉 황궁이 최고봉이 아니었을까 하는 생각이 들었다.

당시 송나라에서는 경제와 과학기술이 융성하고 있었다. 당나라 시절에 시작된 차 농사가 널리 퍼지면서, 대규모로 생산된 찻잎이 비단길과 차마고도를 통해 수출되었다. 게다가 당나라 시대에 시작된 제당업이 더욱 발전하였고, 목화에서 실을 뽑아 면직물을 만들었다. 인쇄술의 발전으로 활자 인쇄가 시작되었는데, 11세기 중반에 필승이라는 사람이 활자 인쇄술을 발명했다고 한다. 찰흙에 글을 새겨서 불에 구워 단단하게 된 활자를 철판에 배열하여 인쇄하고, 새 책을 인쇄할 때는 활자 배열을 바꾸면 되는 것이었다. 송나라 시대에는 화약이 생산되었지만, 전쟁용이 아니라 오락용으로 사용되었다.

💬 송나라의 예술을 대표하는 것은 무엇이었나요?

💬 도자기가 아닐까. 도자기가 송나라를 문화 대국으로 만들었다는 이야기를 들었어.

└ 청백자   └ 송나라 도자기

"송나라의 도자기는 가장 정교하고 아름다운 예술과 정밀한 공예의
완벽한 결합이다."*

송나라 도자기는 예술 수준이 매우 높은 명품이면서, 오늘날
까지 남아 있는 작품이 백 점도 채 되지 않는 진귀한 보물이다.
특히 도자기 마을로 유명한 경덕진이 생산한 청백자는 최고의
명성을 얻었다.

💬 송나라 시대에 산수화가 크게 발전했다는 말을 들었어요.

💬 중국의 산수화는 4세기 동진 시대의 화가인 고개지에서 시작되었는
데, 송나라 시대에는 사실주의적 화풍의 산수화가 많이 출현하였어.

---

* 탄종, 중국문명사, 경지출판사

└ 조춘도

　11세기의 화가 곽희는 당대 최고의 산수화를 커다란 벽화나 병풍에 그렸다. 그의 대표작 중의 하나인 〈조춘도〉는 1072년에 제작된 산수화로서 이른 봄의 계절적 변화를 포착하였다.

> "그는 화가가 변화하는 모든 순간들의 개별적이고 독특한 특징을 파악하고 표현해야 한다고 주장한다."*

　나아가서 곽희는 산을 생명체로 간주하여 물의 흐름은 산의 동맥, 풀과 나무는 산의 머리카락, 안개나 아지랑이는 산의 안색으로 보았다.

* 　마이클 설리번, 중국미술사, 예경

└ 설경한림도

〈조춘도〉는 사실주의 작품이면서도 서양식의 원근법을 사용하지 않았다. 서양식의 원근법은 바라보는 시점을 고정한 것이기에 원근법을 무시하게 되면 바라보는 시점에 제한이 없어지게 된다.

곽희보다 조금 앞선 산수화의 거장은 송나라 초기의 화가 범관이었다. 그는 속세를 떠나 장안 인근의 종남산에 은거하면서 자연을 스승으로 삼고 사실주의적 그림을 그렸다.

그의 대표작 중의 하나인 〈설경한림도〉에서는 눈 쌓인 겨울 산에서 눈에 비친 달빛의 효과가 표현되었다. 우리가 개봉 시내에서 강가로 다가가니 높이 솟은 쇠 색깔의 탑이 눈에 띄었다. 가까이 다가가 보니 이 탑은 개보사라는 사찰의 마당에 세워진 것이었다.

개봉철탑은 1049년에 완공된 높이 54미터의 탑인데, 쇠 색

ᄂ 개봉철탑   ᄂ 개봉부 정문

깔의 탑이라고 하여 철탑이라는 이름이 붙었지만, 사실은 벽돌
로 쌓은 탑이다. 벽돌의 표면에 쇠 색깔의 유리질이 입혀진 것
이다.

다시 시내 방향으로 방향을 잡고 거리의 풍경을 구경하면서
걷다 보니 어느새 포공 호수를 앞에 두고 서 있는 개봉부의 커
다란 정문이 보였다.

개봉부는 송나라의 수도인 개봉의 지방행정을 수행하는 관
청이었다. 개봉 지방행정의 책임자는 부윤이라고 불렸는데, 개
봉 부윤을 역임한 사람 중에는 중요한 유명 인사가 많았다. 대
표적인 경우가 포증(포청천)과 송나라의 대문호라고 할 수 있는
구양수, 범중엄, 소동파, 사마광 등이다.

송나라 초창기에 개봉 부윤을 지낸 사람은 송 태조 조광윤
의 아우인 조광의로 훗날에는 황제가 되어 송 태종이라고 불렸

다. 어려서부터 형인 조광윤을 보필하였고 조광윤이 황제가 되는 과정에서 결정적인 역할을 하였다. 그런데 송 태조 조광윤이 50세의 나이로 죽던 그 날 동생 조광의의 미심쩍은 행동이 역사에서 항상 논쟁거리가 되었다. 이야기인즉, 조광윤이 죽던 날 그의 침실에서 형제 둘이 함께 술을 마셨는데, 침실 밖에서는 흔들리는 촛불과 조광윤이 아우에게 도끼를 휘두르는 그림자가 보였다는 것이다. 이 이야기는 조광윤이 아우에게 황제 자리를 받으라고 도끼를 휘둘러서 아우 조광의가 황위를 계승한 것으로 각색되었다. 반면에 동생 조광의가 형의 적장자에게서 보위를 찬탈한 행위를 미화시키기 위해 이 이야기를 만들었다는 주장도 있다. 한편 조광윤이 병으로 누워있을 때 조광의가 평소에 사모했던 조광윤의 후궁을 겁탈하려다가 들켜서 조광윤이 도끼를 휘둘렀다는 이야기도 있다. 어쨌든 '촛불과 도끼

└ 정청

소리는 천고의 수수께끼이다'라는 글귀가 역사서에 기록되어 있다.*

개봉부 대문을 들어서면 의문의 양옆으로 징과 북이 나오는데, 억울한 일을 당한 사람이 이것을 쳐서 고발하는 신문고 역할을 했다고 한다. 의문을 통과하면 웅장한 목조 건물인 정청이 나오는데, 이곳에서 부윤이 사건을 심리했다고 한다.

정청의 한 복판에는 공생명(公生明, 공정함이 밝음을 낳는다)이란 글씨가 새겨진 비석이 나온다.

포공사는 포청천의 사당이다. 본명이 '포증'이었던 포청천은 999년에 안휘성에서 태어나서 28살에 과거에 합격하여 여러 관직을 거쳤다. 얼굴이 검었다고 알려있는 그는 청렴한 관리였

---

*　우한, 제왕, 살림

└ 포공사

└ 세작두

을 뿐만 아니라 고관들의 부당한 처사를 간하고 탄핵했던 것으로 유명하다. 그가 개봉 부윤으로 부임 시 받았다는 용작두, 호작두, 개작두는 실제로 개봉부에 남아있었다. 작두는 사형 집행 시에만 쓰던 것으로, 용작두는 황족과 왕족, 호작두는 관리와 귀족, 개작두는 일반 평민과 천인에게 적용하던 사형기구였다.

포청천은 3년간 개봉 부윤으로 재직하면서 고관대작을 가리지 않고 공정한 판결을 내렸으며, 개봉 주변의 마적과 만리장성을 넘어오는 유목민 도적들을 소탕하였다. 그는 권력과 지위를 이용한 부패와 비리를 추상같이 척결하여 이름이 높았고, 63세의 나이로 개봉에서 사망하였다.

개봉 시내에는 개봉에서 가장 오래된 사찰로 남북조 시대 말기였던 555년에 북제 정권에 의해서 세워진 상국사가 있다.

상국사는 송나라 시대에는 황실 사찰로 증축되어 개봉 최대 사찰이 되었다.

└ 상국사   └ 노지심 동상

　상국사 경내로 들어서면 수호지에 나오는 108 호걸 중의 한 사람인 노지심이 큰 나무를 뽑는 동상이 있다.

　동상의 모습은 버드나무 위에서 까마귀가 울자 버드나무를 뿌리 채 뽑는 괴력을 보여주고 있다. 노지심은 하급 장교 출신으로 힘이 천하장사이고 의협심이 강했는데, 우연히 알게 된 불쌍한 부녀가 지역의 악랄한 백정에게 억울하게 착취당하는 이야기를 듣고는 분노하여 그 백정을 때려 죽였다. 그로 인해 살인범이 된 그는 도주하다가 몸을 숨기기 위하여 사찰로 들어가서 중이 되었다. 그는 상국사에 온 이후로는 사찰에 부속된 채소밭에서 도둑을 지키는 일을 하다가 결국에는 도적들의 두령이 되었다. 훗날 그는 양산박에 있는 호걸들과 합류하여 썩은 세상을 갈아엎는 반란에 동참했다.*

　이 사찰에서 가장 눈에 띄는 조각상은 5백 년 된 은행나무 하

---

*   시내암, 수호지, 탐나는 책

└ 팔각전 천수천안관음보살상

나를 깎아서 높이 7미터의 보살상을 만들고 금도금을 한 천수
천안관음보살상인데, 천 개의 손에 천 개의 눈이 있어서 두루
중생을 보살펴 준다는 것을 의미한다고 한다. 우리는 개봉 시
내에서 식당과 주점이 몰려있는 '송도어가'로 갔다. 당시 개봉
에 살던 평범한 사람들의 생활을 보고 동시에 허기진 배를 채
우기 위해서였다.

　송나라 시대에 개봉에 살았던 사람들은 아침에 밥을 짓지 않
고 거리에서 가벼운 식사를 하거나 식당에 가서 아침 식사를
하였다고 한다. 당시 개봉의 거리에는 밤새 영업을 하는 식당
이 많았는데, 이곳에서 가장 많이 팔았던 음식은 바로 면 요리
였다. 특히 맑은 야채 국물에 양고기를 얹은 국수, 마늘과 귤껍
질로 만든 소스에 버무린 넓적한 수제비면 형태의 요리 그리고
돼지고기와 닭고기로 만든 담백한 국물에 말아 먹는 국수가 가

└ 송도어가

장 인기가 있었다고 한다.

- 💬 송나라 사람들은 왜 이렇게 국수를 좋아했을까요?

- 💬 당시 사람들은 국수의 면발이 긴 것처럼 국수를 먹으면 장수한다는
  믿음을 가졌다고 하더군.

당시에 개봉 사람들은 하루의 일과가 끝나면 유흥업소에 가서 저녁 시간을 보내는 경우가 흔했는데, 이곳에서는 씨름, 꼭두각시극, 그림자극, 잡극, 재담 등이 공연되었다. 한편 송나라 시대에는 야간 통행금지가 전면 해제되었기 때문에 밤 문화가 발전하여 도시의 골목길은 야간에 흥청거렸다. 야간 조명 시설로 초롱이 널리 사용되었기에, 도시 곳곳에 초롱이 높이 걸리고 행인들은 야간 통행 시에는 초롱을 들고 다녔다. 당시 화려한 개봉의 밤을 예찬한 시 한 수가 있다.

"동풍 부는 밤에 천 그루의 나무에 핀 꽃이 바람에 흩날리듯이, 등불 빛이 흩어지며 별이 비처럼 쏟아지네."*

　그밖에도 이 시대에는 술 문화와 양조업이 번창하여 도시마다 주점이 즐비했고 다양한 맛과 향을 가진 많은 종류의 술들이 있었다. 송나라 사람들은 술을 마시면서 흔히 게임을 하여 흥을 돋우었다고 한다. 송나라 시대에 술 문화가 발전했다는 것은 기본적으로는 사람들의 물질적 형편이 좋았고, 나아가서는 사람들이 정신적인 풍요로움을 즐기려 했던 듯하다.
　이제 우리는 개봉을 마지막으로 황하 문명 탐방을 끝내고 남방의 양자강 유역으로 떠나려고 하였다.

💬 송나라가 망하고 개봉이 무너진 이야기를 듣고 싶어요.

💬 군사적으로 무능했던 송나라는 거란족이 중국의 북방에 세운 요나라에게 늘상 수세에 몰려있었지. 그러던 중 송나라는 여진족이 세운 금나라와 연합하여 요나라를 멸망시켰어. 그러나 금나라는 여기서 멈추지 않고 송나라를 침략하여 1127년에는 황하를 건너 개봉성을 함락하고 송나라 황제와 황실 일가 등 총 3천 명을 포로로 잡아서 수많은 보물과 함께 금나라로 보내버렸어. 이것을 중국사에서 '정강의 변'이라고 하지.

💬 그렇게 경제, 문화적으로 발전했던 송나라가 어떻게 그렇게 허망하

---

* 탄종, 중국문명사, 경지출판사

게 망해 버렸나요?

🗨 가장 중요하게는 당쟁과 부정부패가 송나라를 내부에서 무너트렸다
는 사실이야.

인류 역사에서 언제나 그렇듯이 부정부패가 심한 사회는 멸
망이라는 절벽으로 달려가는 열차이다.

제4장

~~~~~

양자강(揚子, 양쯔강) 문명

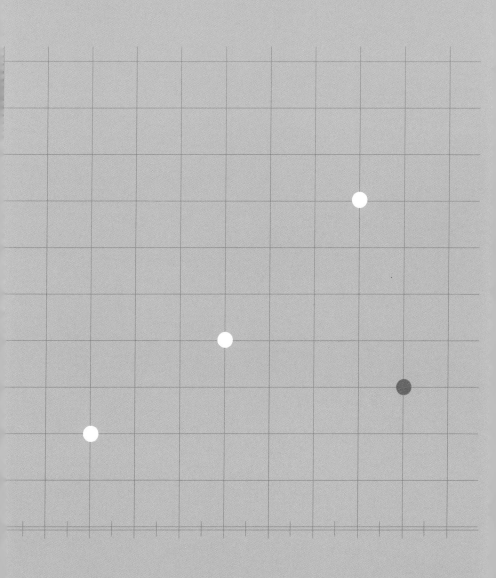

└ 양자강

황하 유역과는 다르게 수려한 경치와 좋은 기후를 자랑하는 양자강 유역은 문명의 발전이 황하 유역보다 늦게 시작되었지만, 세월이 흐르면서 점차 중국 문명의 중심지가 되었다. 우리들의 양자강 문명 탐방은 13세기 초 남송의 수도 항주에서 시작되었다.

1. 항주

(杭州, 항저우)

　북송의 멸망과 함께 중국 문명의 중심은 황하 유역에서 양
자강 이남의 강남으로 이동하였다. 1128년에 북송의 황제 휘
종의 아들 조구가 강남땅에 있는 항주를 수도로 삼고 남송 왕
조를 세워서 황제(고종)가 되었다. 비록 남송이 군사적으로 나
약하기는 했지만, 양자강을 방어선으로 하여 금나라의 공격을
막아냈다. 남송의 명장 악비 장군은 언성에서 금나라 군대를
크게 무찔렀고, 덕분에 남송은 양자강을 넘어 북쪽에 있는 회
하 유역까지 영토를 수복하였다. 이후 남송은 매년 막대한 조
공을 바치는 조건으로 금나라와 화의하고 오랫동안 명맥을 유
지하였다.

항주는 진시황 시절 회계군의 행정 중심지로 발전하기 시작하였다. 수나라 때에 건설된 대운하의 남쪽 끝에 놓여 있어서 당나라와 북송시대에는 대운하와 항주만을 이용한 교역과 해상무역의 중심지로 번영하였다. 수양제의 대운하 공사는 605년에 시작되어 총 공사 기간 8년 만에 2,700킬로미터를 건설하였는데, 이는 황하에서 회하를 거쳐 양자강과 연결되는 것이었다. 그중에서 양주에서 항주까지 약 400킬로미터의 강남운하는 마지막 2년 동안에 건설되었다.

우리가 항주에서 가장 먼저 찾은 곳은 바로 서호였다. 호수라고 하기에는 너무도 커서 차라리 바다라고 하고 싶지만, 파도가 없이 고요하고 짠물이 아닌 민물이라서 호수라고 불리는 것이 맞는듯하다. 춘추시대에 월나라의 미녀 서시에서 유래하여 '서시처럼 아름다운 호수'라는 의미로 붙여진 이름이라고 한다.

명나라 시대에 어떤 일본 사신이 서호를 구경하고는 이런 시를 남겼다고 한다.

"예전에 호수의 그림을 본 적이 있었으나,
인간 세상에 이런 호수가 있음을 믿지 않았네.
오늘 호수를 다녀보니
화공의 솜씨가 부족함을 알겠네."[*]

---

[*] 위치우위, 위치우위의 중국문화기행, 미래인

└ 서호의 전경

　예전에 이 시를 처음 읽었을 때는 그저 시인의 과장된 감흥이라고 생각했지만, 직접 와서 내 눈으로 확인하니 시인의 감흥이 오히려 절제되었다는 느낌이 들었다.

　💬　이 호수는 자연적으로 만들어진 것인가요?

　💬　그것은 아니고, 본래는 강 줄기였는데 토사가 쌓여서 남쪽과 북쪽으로 산을 만들었고 거기에다가 세 개의 제방이 만들어져서 호수가 되었다고 하더군.

　세 개의 제방은 소제, 백제, 양공제이다. 이 중에서 백제는 당나라의 문호 백거이가 그리고 소제는 북송의 문호 소동파가 항주를 다스리던 자사나 태수 시절에 만든 것으로 특히 문인들

└ 악비

의 사랑을 듬뿍 받고 있다. 백제는 백거이의 성을 그리고 소제
는 소동파의 성을 딴 것이다.

면적이 6제곱킬로미터에 이르는 이 호수의 주변에는 항주
최고의 유적과 명소가 집결해 있다. 덧붙여서 서호에는 중국
의 모든 종교가 다 있다는 말이 있다. 불교 유적인 암자와 불탑
에서 시작해서 도교 사원도 있고, 게다가 남송의 충신인 악비
의 묘(악왕묘)가 유교적 윤리관인 충성을 상징하며 이곳에 있기
때문이다. 악비는 남송 최고의 명장으로 '악가군'이라는 군대를
통솔하였다. 그의 군대는 용맹하고 전투능력이 뛰어나서 금나
라 군대에게 공포의 대상이 되었다.

악비는 악가군을 이끌고 북송의 영토를 회복하려고 북상하
여 많은 승리를 거두었다. 하지만 당시 남송의 황제 고종은 악

└ 서호의 누각

비를 의심하고 두려워하였다. 게다가 고종은 조정에서 화친을
주장하던 승상 진회의 말만 듣고는 악비에게 회군을 명하였다.
악비는 처음에는 그 명령에 따르지 않다가 고종이 12번을 명령
하자 할 수 없이 항주로 돌아왔다. 그러자 고종은 반역죄를 물
어서 악비를 사형에 처하였다.

- 🗨 고종이 악비를 처형한 진짜 이유가 무엇일까요?

- 🗨 적군에게 승전한 국민 영웅에 대한 질투심과 두려움 때문이 아닐까
  싶네만.

- 🗨 악비에게 옥좌를 뺏기는 것을 두려워했겠죠?

- 🗨 조선에서도 유사한 사건이 있었잖아.

💬 아, 이순신 장군을 죽이려고 했던 선조이야기 말씀이군요.

서호에는 억울하게 죽은 충신의 슬픈 이야기뿐만 아니라 나라와 상관없이 일신의 향락만을 추구한 인간들의 이야기도 담겨 있어서 요지경 세상을 보여주고 있었다.

서호에 있는 많은 누각은 금나라에 쫓겨 양자강 이남으로 도망쳐 왔어도 정신을 차리지 못하고 흥청거리며 향락을 즐겼던 남송 지배계층들의 작태를 보여주는 장소였다.

> "멀리 바라보면 푸른 산이 첩첩히 이어지고 있고, 가까이 보면 누각들이 첩첩히 겹쳐져 있네. 서호 위에서의 노래와 춤은 언제가야 멎을까? 음탕하고 사치스러운 바람이 향락에 빠진 고관 귀인들을 취하게 하네. 그들은 아직 항주를 옛날의 변경(개봉)인 줄로 착각하는 것 같구려."*

어느 시대 어느 나라에나 나라를 위해 목숨을 바치는 사람이 있고, 일신의 부귀영화를 위해 나라를 팔아먹는 사람이 있다. 그리고 인류 역사에서 출현한 수많은 기회주의자와 악인들의 대부분이 정의의 심판을 받지 않고 이 세상을 떠난다. 우리는 단지 무기력하게 그들이 지옥의 특실로 가기만을 바랄 뿐이지만, 사후의 세계라고 해서 정의의 심판이 있을 것이라는 보장

---

* 탄종, 중국문명사, 경지출판사

└ 육화탑

은 없다. 그래서 인류 역사는 불의와 모순으로 가득한 슬픈 드라마이다.

서호를 떠난 우리는 항주를 휘돌아 흐르는 전당강이 내려 보이는 월륜산에 올라갔다. 이곳에서는 항주 주변의 자연경관과 함께 육화탑을 구경할 수 있었다. 육화탑은 북송시대였던 970년에 건설되었지만 1121년 붕괴되어 남송 시대였던 1165년에 완전히 새로 지었다.

전당강은 나팔처럼 생겼는데 항주만으로 흘러드는 하구는 넓고 상류인 육화탑 부근에서는 급속히 좁아진다. 그 바람에 해마다 음력 8월 18일 전후에 만조 시에는 바닷물이 역류하여 홍수가 나곤 했다. 전설에 의하면 '육화'라고 부르는 소년은 아버지가 익사하고 어머니도 파도에 쓸려 어디론가 사라져 버리자 슬픔과 비탄에 잠겨 매일 전당강에 돌을 던졌는데, 이 돌이 용궁을 맹렬히 뒤흔들었다. 용왕은 조용히 살기 위해 육화에게 금은보화를 주었지만, 육화는 받기를 거부하고, 어머니를 돌려보내고 사람들을 해치는 파도를 그쳐 달라고 떼썼다. 마침내 용왕은 육화에게 항복하고 그때부터 파도를 진정시켰다고 한다. 사람들은 고마움을 표하기 위해 육화가 돌을 던진 그 언덕 위에 탑을 세우고 탑이름을 육화탑이라 지었다고 전해진다.

💬 남송의 최후는 어떻게 되었나요?

💬 남송은 북방의 새로운 강자였던 몽골과 연합하여 금나라를 멸망시켰지만, 이후로 몽골의 공격을 받고 풍전등화의 상황으로 내몰리다가 마침내 1276년에 몽골군에게 항주가 함락되면서 멸망하였어.

우리의 양자강 문명 기행은 이제 항주를 떠나 소주로 향하였다. 소주는 대운하의 일부인 강남운하가 관통하는 내륙 항이면서 도시 전체가 크고 작은 운하로 연결된 물의 도시이다. 우리가 소주를 찾아갔을 때는 15세기 명나라 시대였다.

2. 소주

(蘇州, 쑤저우)

└ 서시

소주의 역사는 춘추시대로까지 올라간다. B.C. 514년에 합려
가 강소 남부에 오나라를 세우고 소주를 수도로 하였다. 사마
천의 《사기》에 의하면 오왕 합려는 조금 남쪽에 있던 월나라와
전쟁 중에 입은 상처로 인하여 죽으면서 아들 부차에게 월왕
구천에게 복수하라는 유언을 남겼다. 그리고 2년 뒤에 오왕 부
차는 월나라를 공격하여 승리하고 월왕 구천에게 항복을 받았
다. 구천은 치욕스럽게도 신하가 될 것을 맹세하고 자신의 부
인을 부차의 첩으로 바쳤다. 그 후 구천은 9년간 처절하게 복수
의 칼을 갈았는데, 이것이 그 유명한 '와신상담' 이야기이다. 마

└ 서시교

침내 구천은 오나라를 공격하여 오왕 부차를 죽였고, 오나라를 멸망시켰다. 전해지는 바에 의하면 구천은 월나라의 미녀인 서시를 부차에게 바쳐서 그가 음란과 방탕의 생활을 하도록 유도했으니, 오나라 사람들에게 서시는 '망국의 요녀'이다.

이로 인해 중국 4대 미인의 한 명으로 꼽히는 서시의 이름을 딴 서시교가 소주의 명물이 되었다.

오랜 세월 동안 서시를 둘러싼 수많은 전설과 소설이 쏟아져 나왔으며, 그녀야말로 사람들의 흥미를 끌기에 딱 들어맞는 여인이 아닐까 싶다.

소주를 선택한 이유 중 하나는 소주에 유명한 정원들을 보고 싶은 마음도 한몫했다. 학문에 뜻을 두고 계속 연구하는 삶을 살고자 하는 나에게 소주의 경치와 아름다운 정원, 정자의 모습으로 인하여 눈이 호강하는 듯했다. 아름다운 정원들의 모습

제4장 양자강(揚子, 양쯔강) 문명

└ 졸정원

에 소주에서 나의 못 이룬 소망을 대리 만족할 수 있을 것만 같았다.

　명나라 초기였던 15세기에 소주에 사는 지주 계층의 문인들이 연못을 파고 인공산을 쌓은 유명한 정원들을 만들었다. 이로 인해서 소주는 '정원의 도시'라고 불리기도 한다. 그중에서 졸정원, 유원, 사자림, 창랑정의 4대 정원이 유명하다. 우리는 졸정원을 감상하면서 잠시 한적함과 낭만에 젖어 보았다. 수목으로 뒤덮인 물의 정원은 풍요롭고 평화로웠으며 크기가 넉넉한 목조 정자는 고즈넉하였다.

💬　이곳에서 유유자적한 문인들이 부럽군.

💬　당시 이곳의 문인들은 미적 감각이 뛰어났던 것 같아요.

└ 호구탑

● 그들의 미적 감각은 그들의 내면세계에서 나온 것이겠지.

　졸정원을 떠난 우리가 도착한 곳은 호구(虎丘)라고 불리는 소
주의 언덕에 있는 자연의 아름다움을 가진 유적지였다. 언덕이
호랑이가 웅크린 것처럼 보이기 때문에 호구라고 했다는 전설
과 B.C. 496년에 오왕 합려를 매장했을 때 언덕 위에 백호가 나
타났다고 하여 호구라고 명명했다는 전설들이 전해지고 있다.
　이 탑은 정식명칭이 운암사탑이지만, 호구에 있다고 하여 호
구탑으로 불린다. 7층으로 이루어진 이 탑은 형태가 기울어져
있어서 '동양에 있는 피사의 사탑'이라는 평을 듣는다고 한다.
　우리는 소주 최고의 낭만을 즐기기 위해서 산당가에서 작은

　　　　　　　　　　　　제4장 양자강(揚子, 양쯔강) 문명

└ 산당가

배에 올랐다. 뱃사공에게 산당가를 구경하고 싶다고 말하자 작
은 배는 천천히 움직였고, 사공은 나지막한 소리로 노래를 불
렀다. 물가에는 상점이 줄지어 늘어서 있었는데, 중간중간에
찻집도 보였다.

산당가는 소주 금릉구에 위치한 수로로 당나라 시대였던
825년에 문호 백거이가 소주 자사로 부임하면서 수상 교통의
활성화를 위해 건설한 길이 7리에 이르는 운하이다. 백거이는
당나라 후기의 시인, 정치인으로 일찍이 과거에 합격하고 관
직에 나갔지만, 황제에게 바른말을 한 바람에 미움을 받아서
47세 이후로는 지방관으로 전전하였다. 그가 항주 자사와 소주
자사로 부임한 것도 이때의 일이다. 그는 만년에 강서에 있는
여산에 초당을 지어 놓고 승려나 도사들과 교분을 나누며 조용

한 삶을 살았다.

우리는 산당가에서의 마지막 낭만을 주변의 작은 찻집에서 즐겼다. 골목 깊숙이 자리 잡은 그곳에는 손님이 별로 없어서 한적하고 조용했다. 은은히 풍기는 차 향기를 맡으며 때로는 한 잔의 차로 인해 여행의 참맛을 느낄 수도 있음을 알게 되었다. 어쩌면 이것이 양자강 문명의 참맛일지도 모른다.

명나라 시대에 소주는 문인 산수화로 명성을 얻은 도시이기도 하다. 정원을 만들어 놓고 은둔의 삶을 즐겼던 부유한 문인들이 많았기 때문일 것이다.

💬 문인 산수화가 무엇인가요?

💬 직업 화가가 아닌 문인들이 그린 산수화로 직업 화가가 그린 화원 산수화와 구별하는 개념인데, 당나라의 왕유가 문인 산수화의 시조라고 하지.

명나라 시대였던 15세기에 뛰어난 문인 화가였던 심주는 소주 출신이었다. 심주는 강남지방에서 문인 산수화를 대표하는 인물이었으며 오나라를 의미하는 '오파'의 창시자로 불린다. 심주는 벼슬을 하지 않은 부유한 지주로서 형식에 구애받지 않는 개방적인 구성과 신선하고 절제된 색채를 사용하는 자신만의 양식을 만들어냈다.

문인으로서도 명성을 누렸던 그는 화첩 〈호상귀로도〉의 화면 상단에 이런 시를 써넣었다.

└ 심주　　　　　　　└ 심주의 여산고

"거문고를 가지고 학과 더불어 집으로 돌아가는 호수 위에 오르니

흰 구름에 붉은 잎이 어울려 나부끼는구나.

내 집은 산속 깊은 곳에 있어,

대나무 사이로 글 읽는 소리 들리고,

작은 평상과 초라한 대문이 보이네."*

　그의 삶이 눈앞에 보이는 듯한 '그림 속의 시'라고 할 수 있겠다. 심주의 제자인 문징명도 소주 사람으로 과거시험에 열 번 응시하였지만 계속 낙방하였다. 명나라의 과거제도는 유교 경전과 고전에 관한 이해도를 검증하는 시험을 삼차에 거쳐 시행

---

* 마이클 설리번, 중국미술사, 예경

└ 문징명, 졸정원의 소비홍

하여 최종합격자를 관료로 임용하는 제도였다. 최종합격자가 되기는 하늘의 별 따기만큼 어려워서 수많은 사람이 평생을 매달려도 대부분이 실패하였다. 명나라의 어떤 학자에 의하면 과거의 답안 양식은 극도로 정형화되어 형식이나 내용이 그 틀에서 조금만 벗어나도 감점당하거나 낙방했다고 한다. 그래서 그는 과거시험을 '학자들을 괴롭히고 유능한 인재들을 좌절시키려고 만든 제도'라고 평하였다.* 어쨌든 문징명은 비록 최종합격자가 되지는 못했지만, 북경에서 몇 년간 관리 생활을 하고는 결국에는 고향 소주로 돌아왔다. 이후로 그는 소주에서 여생을 학문과 예술에 바쳤다.

심주와 문징명의 산수화를 북송시대의 화가 곽희와 범관의

---

* 조너선 스펜스, 룽산으로의 귀환, 이산

작품과 비교하면, 자연의 사실적 묘사보다는 시적이고 철학적인 표현이 중시되었음을 알 수 있는데, 아마도 성리학의 영향인 듯하다.

소주를 떠난 우리는 중국 역사에서 가장 오랜 세월 동안 양자강 문명의 중심지였던 남경으로 향하였다. 때는 15세기 명나라의 전성기였다.

3. 남경

(南京, 난징)

316년에 흉노족에 의해서 진(晉)이 멸망한 후로 진(晉)의 후손들이 양자강을 건너 남경을 수도로 동진을 세웠다. 이후 이어지는 남북조시대에 양자강 이북에는 북방 유목민 출신의 왕조들이 들어섰고, 수십만의 한족 피난민들이 양자강을 건너 강남으로 내려와서 보금자리를 잡았다. 난세였던 위진남북조 시대에 강남의 지식인들 사이에서 비세속적인 청담 사상이 유행하였다. 기본적으로 노장사상의 무위에 뿌리를 두고 있는 청담 사상은 세속적 욕망을 버리고 집착 없는 삶을 추구하였다. 그리하여 어쩔 수 없이 현실에 머물고는 있지만, 세속적인 속박에서 벗어나고자 했다.*

이 시대에 강남의 대표적인 청담 시인이 바로 도연명이다. 그는 청년 시절에는 가난한 집안을 일으키기 위하여 유학을 공부하며 입신출세를 소망하였다. 그리고 그는 29세 때에 하급관리로 관직에 나갔다가 41세에 관직을 사직하고, 다시는 벼슬을 하지 않겠노라고 결심하고 귀향하여 여생을 농사를 짓고 살았다. 그는 인생의 후반기에는 노장의 무위자연 사상에 심취하여 삶과 죽음을 자연의 운행에 따른 한 과정으로 보고 삶과 죽음

---

* 권중달, 위진남북조시대를 위한 변명, 산화

에 초연하였다. 게다가 곤궁한 생활에도 절개를 지키면서 곧은 마음을 유지하였고, 더 나아가서 곤궁에도 만족할 줄 아는 자족의 태도를 보였다.

젊은 나이에 세상사의 밖에 뜻을 두고,

마음을 맡긴 것이 거문고와 책에 있었다.

갈옷 걸치고도 기꺼이 자득하였고,

자주 끼니 걸러도 항상 편안하였다.[*]

우리는 남경 시내를 돌아다니면서 동진과 남조의 흔적들을 찾아보려 했지만 좀처럼 눈에 띄지 않았다. 남경에 남아 있는 그 시대의 자취로는 5세기에 노래를 잘 부르는 여자로 명성을 날렸던 모추를 추모하는 '모추호 공원'이 남아있을 뿐이었다. 동진과 남조의 수도로서 250년이 넘도록 번영했던 역사에 비하면 그 흔적이 너무도 미미하여 세상사의 무상함이 절로 느껴졌다.

이제 우리는 시대를 뛰어넘어 명나라 시대의 자취를 찾아가는 남경 기행을 시작하였다. 명나라 시대에 남경은 최초로 통일 왕조의 수도가 되어 전성기를 맞이하였다. 몽골족이 세운 원나라를 무너트리고 몽골족을 북방의 초원으로 밀어낸 후 중원에 한족의 나라인 명나라를 세운 주원장은 1328년 원나라 말기에 회하 유역에서 가난한 소작인의 자식으로 태어났다. 그

---

[*] 김창환, 도연명의 사상과 문학, 을유문화사

의 나이 16세 되던 해에 그가 살던 지역은 가뭄과 메뚜기의 피
해 그리고 전염병의 창궐로 극심한 재난을 겪었다. 가족이 모
두 죽고 생계를 유지할 수 없었던 주원장은 인근에 있는 사찰
에서 머리를 깎고 승복을 입었다. 이후에 기근으로 인하여 사
찰에 양식이 떨어지자 그는 몇 년간 탁발하며 떠돌아다녔다.
그 바람에 그는 훗날에 '거지출신 황제'라는 말을 듣기도 하였
다. 어쨌든 주원장은 25세에는 반란군이었던 홍군에 참가해서
인생의 도약기를 맞이하게 되었다. 훗날 그는 홍군의 대장이
되어 대군을 이끌고 양자강을 건너 북상하였다. 그리고 마침내
1368년에 주원장은 원나라의 마지막 통치자가 도망간 바람에
텅 비어있던 대도(북경)를 점령하였다.

　1368년에 주원장은 황제가 되어 국호를 대명(大明)이라고 선

└ 명대의 성벽

포하고, 남경을 수도로 정한 후에 남경에 32킬로미터 길이의 세계에서 가장 긴 성벽을 축조하였다.

명대에 지어진 남경의 성벽은 매우 견고할 뿐만 아니라 성벽의 안쪽으로는 돌로 포장된 넓고 곧은 산책로가 있었다. 이곳을 걷다 보니 명대 남경의 멋이 느껴지면서, 번잡한 시가지의 구석에 이렇게 한적한 장소가 있음이 놀라웠다. 한편으로는 당대 세계 최대의 도시였던 남경의 화려함과 고즈넉함을 함께 느끼면서 세상사의 양면을 보는듯하였다.

중국인에게 음력 8월 15일은 중추절이라고 불리는 한국의 추석에 해당하는 명절이다. 중국인들은 이날 월병이라는 둥글고 납작한 과자를 먹는다.

월병이 중국에서 중추절의 '국민 과자'가 된 사연은 주원장에

└ 월병

└ 주원장

게서 비롯되었다고 한다. 주원장이 원나라와 싸우는 반란군 대장 시절에 그의 주변에는 감시하는 눈이 많았고, 누가 적의 첩자인지 알 수가 없어서 다른 지역의 반란군 대장들에게 거사 일자를 통고하지 못하고 있었다. 이때 그는 각 지역의 반란군 대장들에게 중추절 선물로 월병을 보내는 척하며 월병 속에 거사 날짜를 적은 종이를 넣어 보냈다. 덕분에 그는 결국 거사에 성공하였고, 이때부터 중국인들 사이에는 중추절에 월병을 주고받는 풍속이 생겼다고 한다.*

주원장은 본시 얼굴이 못났던 것으로 알려져 있다. 그가 황제가 된 이후에 화공에게 자신의 초상화를 그리게 했는데, 실

---

* 윤덕노, 음식으로 읽는 중국사, 더난출판

물을 꼭 빼닮은 그림이 마음에 들지 않았다. 그래서 다른 화공을 불러서 새로 그리게 하였는데, 영리한 그 화공이 적당히 창작하여 황제 주원장을 만족시켰다고 전해지고 있고, 이것이 지금까지 남아있는 그의 초상화라고 한다.[*]

빈곤한 하층민의 설움을 직접 체험한 주원장은 가난한 백성들에게 연민을 깊이 느꼈기에 그들을 위한 정치를 하려고 하였다. 그는 유민이 된 농민을 정착시켜 자작농으로 만들었으며 백성을 괴롭히는 탐관오리를 무섭게 처벌하였다. 주원장이 만든 법령에는 '은화 60냥 이상의 뇌물을 받은 자는 목을 베어 높이 매달고, 아울러 살가죽을 벗겨 주머니를 만들고 그 안에다 풀을 넣어 관아에 내건다'라는 형벌이 있었다. 이로 인해 당시에 백성들 사이에서는 탐관오리 척결을 칭송하는 시가 유행했다고 한다.

"황제는 탐관오리에 벌을 내리네,

엄중한 법과 형벌은 어쩌나 서슬이 퍼런지 서리와 같고,

토지신 사당 옆 방초지 제사 지내는 곳에,

특별히 살가죽을 벗기는 터를 마련했네."[†]

[*] 우한, 제왕, 살림
[†] 안쩐, 천추흥망 명나라, 따뜻한 손

제4장 양자강(揚子, 양쯔강) 문명

└ 명효릉

　이렇게 백성을 생각하는 주원장은 개국 공신들의 발호(跋扈)
와 횡포를 막기 위해 두 번의 옥사를 거쳐서 과거의 동지들과
그들의 가족 및 친인척 등 총 4~5만 명의 처형을 명한 잔혹한
면도 가진 사람이었다. 한편 그는 독학으로 글과 학문을 습득
하여 황제가 된 후에는 하루 평균 200개의 상주문을 읽고 처리
할 만큼의 뛰어난 지성을 소유한 사람이기도 하였다. 주원장은
명나라 초대황제로서 30년간 국가의 기반을 만들기 위하여 노
력하다가 71세에 세상을 떠났다.*

　1381년부터 주원장은 남경 종산 남쪽 기슭에 자신의 묘지인
효릉을 짓기 시작하여 2년 만에 완공하였다. 1398년에 그가 사
망했을 때, 그의 장례는 이곳에서 치러졌다. 효릉에는 주원장

* 　오함, 주원장전, 지식산업사

└ 석상로

과 그의 부인 마황후의 묘가 함께 있다. 주원장의 부인 마황후는 본시 주원장이 의탁했던 원나라 말기의 반란군 대장 곽자흥의 수양딸이었다. 그녀는 주원장과 결혼하여 평생 생사를 함께 넘어 다니며 고락을 같이했다. 주원장처럼 그녀도 근면 검소한 성품에다가 현모양처였다. 그녀는 남편이 성군이 되기만을 바랐으며, 자신의 친척들이 외척으로 득세하지 못하게 하였다. 주원장은 그녀를 몹시 사랑하였고 그녀가 세상을 떠났을 때 몹시 슬퍼하여 그 뒤로 새 황후를 책봉하지 않았다고 한다. 민간에서는 그녀의 자애로움을 칭송하는 노래도 생겼다고 한다.*

　명효릉은 엄청난 크기의 공원 형태로 조성되어 있는데, 특히 코끼리, 낙타, 기린 등 동물들의 석상이 서 있는 산책로는 묘라

---

*　탄종, 중국문명사, 경지출판사

고 생각이 안들 정도로 독특하고 예술적이다.

　주원장의 보위를 물려받은 사람은 일찍이 죽은 맏아들 주표의 장자 즉 주원장의 맏손자인 주윤문으로 흔히 건문제라고 불리는 어리고 유약한 황제였다. 한편 용맹하고 유능한 주원장의 넷째 아들 주체는 전쟁에서 많은 공을 세우고 북경 지역의 제후인 연왕으로 있으면서 막강한 군사력을 갖고 있었다. 사실 주원장의 아들 중에서 가장 뛰어났던 주체는 성격이나 능력에서 부친을 꼭 닮은 사람이기도 했다. 주원장 사후에 손자인 주윤문이 보위를 물려받은 것이 명백하게 혼란을 불러올 것이라는 것을 쉽게 예상할 수 있었다. 결국에는 숙부와 조카 사이에 황제 자리를 두고 한판의 전쟁이 발생했고, 4년의 내전 끝에 마침내 주체가 남경을 함락하고 1402년에 황제로 즉위하여 영락제가 되었다. 훗날 조선에서도 어린 임금 단종과 야심가인 숙부 수양대군이 유사한 상황에 놓이게 되었는데, 수양대군의 책사 한명회는 명나라의 건문제와 영락제 사이에 벌어진 일을 보았기에 단종과 수양대군 사이의 싸움을 피할 수 없다고 예견했다고 한다.

└ 영락대전

💬 수양대군이 조카인 단종의 보위를 찬탈한 것에 대해서 윤리적 차원의 비난이 많이 있잖아요?

💬 그 비난은 정치의 본질을 모르는 사람들이 하는 말이고, 불행의 근원은 문종이 죽으면서 유능한 동생을 제쳐놓고 어린 아들에게 보위를 물려준 사건이었어. 나라를 위해서도 10살짜리 어린애보다는 유능한 숙부가 왕이 되었어야 하는 것인데, 문종의 어리석음이 자식을 죽게 만든 비극을 자초했어.

영락제는 《영락대전》이라고 불리는 대백과사전을 편찬하였다. 총 22,937권으로 구성되었던 《영락대전》은 천문, 지리, 철학, 의학, 종교, 기술 등 당시에 존재하고 있던 모든 지식을 정리하여 수록한 것인데, 현재까지 전해지고 있는 것은 800권이

제4장 양자강(揚子, 양쯔강) 문명

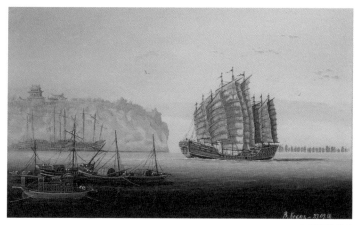

└ 정화의 함대

다. 영락제는 전쟁을 잘 하는 사람이었지만 동시에 책을 좋아
했던 사람으로《영락대전》을 늘 지니고 다녔다고 한다.*

《영락대전》은 서양에서 프랑스 계몽주의자 디드로가 편집한
《백과전서》보다 300년 이상 앞서서 출현했을 뿐만 아니라 규
모 면에서도 월등한 대백과사전으로 중국 문명의 우월성을 보
여주는 증거물이다.

영락제 시대였던 15세기 초반에 추진되었던 '정화의 해상원
정'은 인류역사상 최대 규모의 해상원정이었지만 중국 문명의
발전에 어떤 자극도 주지 못하고 끝나버린 사건이 되고 말았
다. 정화 제독은 1405년부터 1433년까지 일곱 차례 대함대를

---

* 탄종, 중국문명사, 경지출판사

이끌고 인도양을 항해했는데, 그의 함대는 3백 척에 가까운 배에 3만 명가량의 인원이 탑승하였다.

정화 제독은 대양을 탐험하고 연안의 여러 나라가 중국에 조공을 바치게 했지만, 이 나라들을 정복하거나 식민지로 삼지는 않았다. 이는 15세기 말에 시작된 서구인의 대항해와 더불어 찬란한 근대 서구 문명 발전의 계기가 된 것과는 대조적이다. 서구인은 대항해를 통해 경제적 동력을 얻었고, 반면에 정화의 해상원정은 과시적 성격이 강하고 경제성이 부족했기 때문이다.

영락제 치세 19년째인 1421년에 명나라는 수도를 남경에서 북경으로 천도하였고, 이로써 남경은 제2의 수도가 되었다. 영락제가 본시 자신의 본거지였던 북경으로 돌아가게 되면 자신의 권력을 더욱 견고하게 할 수 있었고 동시에 북방 유목민들의 침략에 대항하기 편했기 때문이었다.* 반면에 야사에서는 다른 이야기가 전해지는데, 그것은 피부병을 앓고 있던 영락제가 남방의 습지고 더운 기후에서 견디기 힘들었기 때문이었다는 것이다. 결과적으로 영락제의 북경 천도는 중국이 강력한 해상세력으로 성장하는 것을 스스로 포기한 것이 되었다. 명, 청 시대에 중국의 해상진출이 미약했던 현상은 중화 중심 사상에 뿌리를 둔 자아도취와 폐쇄성 때문이었다는 지적이 있다. 자아도취는 쇠락과 패망으로 달려가는 열차라는 것을 19세기에 중국은 뼈저리게 체험하였다.

---

* 안쩐, 천추흥망 명나라, 따뜻한 손

제4장 양자강(揚子, 양쯔강) 문명

우리의 양자강 문명 기행의 마지막 행선지는 대운하와 양자강의 물길이 교차하는 교역의 도시 양주였다. 우리가 찾아갔던 시절은 19세기 청나라 시대였다.

4. 양주

(揚州, 양저우)

└ 수서호

　양주는 오랜 옛날부터 양자강 문명의 중심지 중 한 곳이었지만, 특히 수나라 시대부터 빛을 발하기 시작하였다. 수양제 양광(569~618)은 대운하와 양자강이 만나는 양주를 끔찍이 좋아하여 이곳을 강도라고 부르며 별궁을 짓고 오랫동안 머물렀다. 폭정으로 인하여 민심을 잃어버린 그는 결국에 양주의 별궁에서 주색잡기에 빠져 살다가 옛 신하 우문화급에 의해 살해되었고, 그의 무덤도 양주에 마련되었다.

└ 양주의 수로

● 수양제는 왜 그렇게 양주를 좋아했을까요?

● 그는 처첩과 신하들을 거느리고 뱃놀이를 즐겼는데 황하에서 출발
하여 자신이 건설한 대운하를 거쳐서 양자강에 이르는 뱃길을 특히
좋아했기 때문이었던 것 같아.

그는 양주에 도착하면 이 지역 미녀들을 불러서 수서호에서
한바탕 거나하게 먹고 놀았다고 전해진다. 수양제는 생선회를
좋아했는데, 그가 생선회에 곁들여 먹는 양념장은 귤껍질을 잘
게 다져 겨자와 함께 무쳐놓은 것이었다고 한다. 당시에 중국
인이 세상에서 제일 좋은 과일로 여겼던 귤은 전통적으로 양주
사람들이 황제에게 진상하는 귀한 공물이었다.*

---

* 윤덕노, 음식으로 읽는 중국사, 더난출판

결과적으로 양주는 수양제의 방탕과 죽음, 나아가 수나라의 몰락을 가져온 도시가 되었다. 하지만 동시에 양주는 수양제가 막대한 인력과 경비를 동원해서 만든 대운하의 혜택을 크게 입어서 물류의 중심지로 번영하였다.

그리고 양주 시내에는 수로가 복잡하게 얽혀 있어서 가히 '물의 도시'라고 불리었다.

당나라 시대에 양주는 장안이나 낙양을 능가하는 최대의 상업 도시가 되었다. 이 무렵의 양주는 "부유함이 천하에 으뜸이었다." 또는 "천하의 번성함이 양주를 으뜸으로 삼았다."는 말을 들을 만큼 번영기를 누렸다. 중요한 항구도시로서 양주에는 상업과 수공업이 특히 발전하였을 뿐만 아니라, 무역과 외교도 활발하였다. 특히 이슬람제국과의 교류가 활발하여 중동계 사람들이 많이 거주하였고, 그밖에도 신라와 일본의 상인들도 체

└ 송나라 시대의 건축물, 사망정

류하면서 상업 활동을 하였다. 신라인 장보고도 이곳에서 상인으로 활약하였다. 당나라 시대에 양주는 대운하를 이용하여 장안과 낙양 등의 황하 지역으로 곡물을 공급하여 식량 생산이 감소하고 있는 황하 지역의 사람들을 부양하였다.

양주의 동관은 송나라 시대에 새로 생긴 거리로 온갖 상점과 식당 등이 자리를 잡고있는 양주의 명소다. 이곳을 지나가다 보면 송나라 시대 양주의 상업적 번영이 절로 느껴지는데, 전 세계에서 생산된 상품이 모두 진열된 듯하였다. 게다가 당시 중국 사회의 음식 문화가 풍요롭고 다채로웠다는 것도 알 수 있다. 송나라 시절에 양주는 상공업 부문에서뿐만 아니라 과학 기술 방면에서도 두각을 드러냈다. 11세기에 송나라의 사천감 출신의 심괄이 자신의 과학기술 관련 저작 대부분을 양주에서 완성하였다. 그밖에도 문화면에서는 구양수, 소식 등의 문인이

　제4장 양자강(揚子, 양쯔강) 문명

양주에 거주하면서 평산당 등의 인문학의 명소가 될 곳들을 세웠다.

명나라 시대에 영락제가 수도를 남경에서 북경으로 옮기면서 중국의 정치적 중심지는 북쪽으로 이전했지만, 양주는 천혜의 지리적 위치와 북경까지 이어지는 경항대운하의 존재에 힘입어 중국 경제의 핵심적인 위치를 차지하게 되었다.

명나라 시대에 양주를 빛낸 건축물들이 많이 지어졌다. 그중에 대표적인 것으로 소주에 있는 정원들과 비교될 만한 정원으로 개원이 있다. 고졸하고 평화로우며 자연적인 이곳의 아름다움은 문인과 선비들의 품격을 드러내고 있는 듯하다.

💬 명나라 시대에 지어진 정원들이 이전의 중국 건축물들에 비해서 고즈넉하고 소박한 것은 무엇 때문인가요?

💬 명나라 사회의 주류 학문이 성리학이었고, 성리학은 유교의 철학성을 강화한 학풍이어서 명대 문인들의 취향에 영향을 준 것으로 보여.

1644년에 북경이 청나라 군대에 함락되면서 명나라의 시대는 끝났고 말았다. 명나라는 인구로 볼 때 자신들의 1/10에 불과한 만주족이 세운 청나라에게 정복된 것이었다.

💬 대국이었던 명나라가 미개한 청나라에게 정복당한 이유가 무엇인가요?

💬 한 마디로 관리들이 부패했으며, 황제들은 무능했어.

대기근이 발생하여 백성들이 굶어 죽어 가는데도 나라에서는 백성을 구제하지 않았을 뿐 아니라, 관리와 지주들의 농민에 대한 수탈이 계속되었다. 결국에는 농민반란군이 북경을 함

ㄴ 오정교

락하고 그들의 지도자인 이자성이 자금성에서 황제로 즉위했
다. 명나라 마지막 황제인 숭정제는 자금성 뒷산에서 가족을
죽이고 목을 매달아 자살하였다. 하지만 이런 혼란을 틈타 청
나라 군대가 투항한 명나라 장수의 도움으로 손쉽게 만리장성
을 넘어와 농민반란군을 격파하고 북경을 손에 넣게 되었다.

청나라는 북경을 자신의 수도로 삼고, 북경 이외의 중국 영
토를 점차 정복해 갔다. 마침내 1645년에 양주성이 청나라 기
병에게 포위된 끝에 함락되었고, 수십만 명에 이르는 양주 주
민들이 청나라 군대에 의해 학살당했다. 하지만 이런 슬픈 역
사를 뒤로하고 양주는 청나라 시대에도 상업으로 번영하였다.
이 시대의 양주에서는 양주팔괴를 비롯한 많은 문인이 배출되
었고, 다양한 예술이 발전하였다.

청나라 시대에 들어서 양주의 수서호에 길이 30미터, 높이

└ 변발

10미터이고, 다리 위에 다섯 개의 정자가 있어서 활짝 핀 연꽃을 연상시킨다는 오정교가 지어졌다. 1757년에 건륭제가 강남을 순행하기 위해 만든 것으로, 교각 위의 정자는 황색 지붕에 빨간 기둥으로 지어졌다.

💬 명나라에서 청나라로 중국의 통일 왕조가 바뀌면서 중국 문명에 본질적인 어떤 변화가 있었나요?

💬 북방 유목민이 정복자가 되었다고 해도 미개한 그들이 중국 문명에 동화되었기 때문에 큰 변화는 없었다고 보는 것이 보편적인 견해야. 물론 외형적으로 한 가지는 크게 변한 것이 있어.

💬 혹시 남성 두발이 아닌가요?

💬 맞았어. 남자들의 헤어스타일이 머리의 앞부분을 깎고 뒷머리를 땋는 변발의 시대가 되었지. 청나라 조정이 한족 남성에게 변발을 강

제4장 양자강(揚子, 양쯔강) 문명

요해 한족들의 반발이 컸지만 결국은 무력을 사용한 권력의 힘으로 변발이 보편화 되었지.

청나라 말기에 중국의 문호 노신은 변발을 한족의 굴욕과 순종의 상징이라고 보고 용감하게 변발을 잘랐다. 그는 이로 인하여 온갖 시련을 겪었지만, 변발을 자른 것을 자신의 혁명 사상과 연계시켰다.

"누가 내게 혁명의 공덕을 노래하여 '가슴속에 맺힌 응어리를 풀라'고 한다면 '내가 가장 먼저 말할 수 있는 것은 변발을 자른 일이다'라 했다."*

결국은 1911년 신해혁명으로 청나라가 멸망하고 중화민국이 수립되어, 1912년에 중화민국 임시정부는 변발을 자를 것을 명하였다.

💬 청나라 말기에 나라를 망친 서태후를 알지?

💬 그럼요. 사치와 허영의 대명사로 프랑스 국왕 루이 16세의 부인인 마리 앙투아네트와 비교되지요.

💬 서태후가 어디에다가 가장 많은 돈을 썼는지 알아?

---

* 임현치, 노신 평전, 실천문학사

└ 북경 오리구이

💬 글쎄요. 옷과 패물?

💬 아니야. 서태후는 먹는데다가 돈을 낭비했어.

💬 그래요? 여자가 먹으면 얼마나 먹는다고?

💬 그녀의 한 끼 식사에는 보통 100가지의 요리가 차려졌어.

💬 맙소사. 그걸 다 먹어요?

💬 물론 몇 가지만 주로 먹었는데, 가장 좋아한 것은 북경 오리구이 그리고 특히 오리 혀 찜 요리와 제비집을 넣고 삶은 오리고기 요리였다고 하더군.*

---

* 윤덕노, 음식으로 읽는 중국사, 더난출판

인류 초기 문명이 강변에서 발생했다는 이야기는 세계사를 처음 배울 때부터 들었던 말이지만 그 이유를 정확히 알지는 못하였다. 만약 누가 그 이유를 물어봤다면 그저 단순히 '물이 있는 곳'이니까 라고 밖에는 대답할 수 없었을 것이다. 지금 와서 생각해 보니 그 질문에 대한 대답은 원래 그리 간단한 것이 아니었다. 옛말에 '백문이 불여일견'이라고 하였듯이 직접 가서 한 번 보는 것이 현명한 일이다. 하지만 까마득한 옛날 일을 오늘날 어떻게 직접 볼 수 있겠는가. 그래서 문헌을 토대로 하여 구성된 옛 모습을 타임머신 여행이라는 상상력을 가미하여 구성해 보았다. 내가 만든 이야기는 문헌을 통해 고증된 역사이기 때문에 적어도 할리우드 영화 〈쥬라기 월드〉보다는 사실적이고 과학적이라고 독자들에게 말할 수 있다.

우리가 타임머신을 타고 까마득한 과거로 날아가서 인류가 살아가는 모습을 보면서 가장 먼저 깨닫게 되는 것은 인간 세상의 기본적인 속성은 수천 년 세월의 흐름 속에서도 크게 달라지지 않았다는 사실이다. 예나 지금이나 지구상의 어느 지역에서나 사람들은 부와 권력을 손에 넣기 위해 수단과 방법을 가리지 않고, 권력 집단이나 종교 집단은 온갖 허구를 만들어 퍼트리면서 무지한 대중을 기만하고 착취한다. 여기까지만 보면 인간 세상의 발전은 인류의 정신적 발전과는 무관한듯하다. 비록 인간이 컴퓨터와 인터넷으로 일을 하고 우주선을 타고 다닌다고 할지라도 인간 세상의 속성과 인류의 정신은 여전히 수천 년 전과 같은 것으로 보인다. 그러나 사실은 문명의 발전 과정에서 인류의 정신적 진보도 있었던 것이 확실하다. 예를 들면 인류는 정의, 윤리, 인권, 지혜 같은 소중한 개념을 창조하고 발전시키며 그것을 토대로 사회를 개선한 것으로 보인다. 물론 문명 발전의 기본 동력이 물질생활을 향상하기 위해 새로운 기술을 창조한 인류의 창의력이었음은 언급할 필요도 없다. 그래서 결국에는 물질과 정신의 결합체로서 인류 문명은 최초의 출현 이후로 수많은 재난과 위기를 겪으면서도 지금까지 발전하였다. 우리들의 타임머신 문명 기행은 이러한 진보의 과정들을 조금씩 발견하며 나아갔던 여정이었고 동시에 인류가 발전해 가는 옛 모습을 찾아다녔던 탐사였다.

강변의 문명 이야기

타임머신을 타고 떠나는 기행

초판 1쇄 발행일 2022년 8월 26일

지은이 김종천
펴낸이 박영희
편집 문혜수
디자인 최소영
마케팅 김유미
인쇄·제본 AP프린팅
펴낸곳 도서출판 어문학사
　　　 서울특별시 도봉구 해등로 357 나너울카운티 1층
　　　 대표전화: 02-998-0094/편집부1: 02-998-2267, 편집부2: 02-998-2269
　　　 홈페이지: www.amhbook.com
　　　 트위터: @with_amhbook
　　　 페이스북: www.facebook.com/amhbook
　　　 블로그: 네이버 http://blog.naver.com/amhbook
　　　　　　 다음 http://blog.daum.net/amhbook
　　　 e-mail: am@amhbook.com
　　　 등록: 2004년 7월 26일 제2009-2호

ISBN 979-11-6905-007-4(03900)
정가 15,000원